Todos los libros de Linkgua Ediciones cuentan con modelos de Inteligencia Artificial entrenados por hispanistas. Pregúntale al chat de tu libro lo que desees acerca de la obra o su autor/a.

Para ebooks: Accede a nuestro modelo de IA a través de un enlace.

Para libros impresos: Escanea el código QR de la portada con tu dispositivo móvil.

Obtén análisis detallados de nuestros libros, resúmenes, respuestas a tus preguntas y accede a nuestras ediciones críticas generativas para una experiencia de lectura más enriquecedora.

La transparencia y el respeto hacia la autoría de las fuentes utilizadas son distintivos básicos de nuestro proyecto. Por ello, las respuestas ofrecen, mediante un sistema de citas, las fuentes con las que han sido elaboradas.

Autores varios

Expediente sobre José Antonio Aponte y el sentido de las pinturas que se hayan en el Libro que se le aprehendió en su casa

Barcelona 2025
Linkgua-ediciones.com

Créditos

Título original: Expediente sobre José Antonio Aponte y el sentido de las pinturas que se hayan en el Libro que se le aprehendió en su casa.

© 2025, Red ediciones S.L.

e-mail: info@linkgua.com

Diseño de cubierta: Mario Eskenazi.

ISBN tapa dura: 978-84-1126-096-1.
ISBN rústica ilustrada: 978-84-9816-575-3.
ISBN ebook: 978-84-9816-961-4.

Sumario

Brevísima presentación

El *Expediente sobre José Antonio Aponte y el sentido de las pinturas que se hayan en el Libro que se le aprehendió en su casa* contiene documentos relacionados con el llamado *Libro de Pinturas*. Son mayormente transcripciones de los interrogatorios a que fueron sometidos los participantes en la llamada «Conspiración de Aponte».

Dicha Conspiración reunió en 1812 por primera vez a hombres de diversas razas y etnias africanas. En consecuencia fue el primer intento por abolir la esclavitud en Cuba.

El negro liberto cubano José Antonio Aponte, autor del *Libro de Pinturas*, encabezó la llamada «Conspiración de Aponte». Finalmente fue ejecutado, al descubrirse su liderazgo en ella. Tras encarcelar a los conspiradores, las autoridades del gobierno colonial español archivaron los expedientes. El citado libro se perdió entre los legajos de los archivos coloniales y nunca más ha sido visto. Se tiene solo una idea de cómo era a partir de las descripciones y las preguntas y respuestas aquí reunidas. Estaba compuesto de imágenes y citas en los que se pretendía narrar una historia dignificada de la raza negra. Por lo que se describe en este expediente, el *Libro de Pinturas* es casi un libro de maravillas. Una mezcla de ideogramas, emblemas y citas en un relato histórico y mítico.

José Antonio Aponte ejercía el oficio de ebanista y se dice que confeccionó muebles para el gabinete científico de Antonio Parra, uno de los autores de la época que cambiaron el panorama científico de la isla de Cuba, iniciando el estudio de la naturaleza.

Cuba en 1812

El historiador cubano José Luciano Franco escribió sobre Aponte en su libro *Las conspiraciones en Cuba de 1810 y 1812*:

En la modesta casita, en lo que es hoy calle de Jesús Peregrino —cuyo nombre se debe a la efigie religiosa que figuraba en la puerta de la casa-taller y residencia de Aponte y sede del cabildo Shangó-Tedum—, con el pretexto de celebrar actos religiosos y festivales, actividades corrientes entre los originarios de África y sus descendientes, desde los primeros meses del año 1811 comenzaron a reunirse: Clemente Chacón y su hijo Bautista Lisundia, Juan Barbier, Francisco Javier Pacheco, José del Carmen Peñalver, Estanislao Aguilar, Francisco Maroto y José Sendiga, todos negros libres. Adelantados los trabajos de reclutar adeptos para el movimiento insurreccional, participó igualmente en algunas reuniones Hilario Herrera, alias "el Inglés", dominicano, quien más tarde sería el responsable de la conspiración en Puerto Príncipe (Camagüey), Bayamo y otros lugares de la región oriental de la isla, coordinado con el centro superior de La Habana.

Expediente sobre José Antonio Aponte y el sentido de las pinturas que se hayan en el Libro que se le aprehendió en su casa. 1812[1]

Procesados declarantes:
José Antonio Aponte, Clemente Chacón, Salvador Ternero, Melchor Chirinos, Pilar Borrego, José Domigo Befarano y Escobar, José Trinidad Nuñes, Agustín Santa Cruz.
Juez: Juan Ignacio Rendón.
Comisionado del caso: Licenciado José María Nerey.
Testigo: Ramón Rodríguez.

[Sello en cada foja:]
HISPANIARUM REX. CAROLUS. IV. DC. En quartillo. SELLO QVARTO, UN QVARTILLO, AÑOS DE MIL OCHO CIENTOS SEIS, Y OCHOCIENTOS Y SIETE. VALGA PARA EL REYNADO DE SMELSD FERNANDO VII VALGA PARA EL BIENIO DE 1812 Y

Reconocimiento de la Casa de Aponte
Castillo de San Carlos de la Cabaña a veinte y cuatro de Marzo de mil ochocientos doce. Des[ignacion] del Señor oidor honorario D.

---

1   Agradecemos en primer lugar la ingente labor de transcripción y edición de Jorge Pavez Ojeda, cuyo trabajo seguimos atentamente. «Expediente sobre declarar. José Antonio Aponte el sentido de las pinturas que se hayan en el L. Que se le aprehendió en su casa. Conspiración de José Antonio Aponte, 24 de marzo de 1812», en Archivo Nacional de Cuba. Fondo Asuntos Políticos.
Legajo 12. Número 17.
Este documento se ha transcrito a partir de una versión publicada por José Luciano Franco en 1963. La transcripción incluye declaraciones que también se encuentran en el mismo legajo del archivo.

D. Juan Ignacio Rendón juez comisionado en esta causa, para que con dos ministros de Justicia pasase extramuros de La Habana al barrio del Pueblo Nuevo a la Casa de la morada de José Antonio Aponte a fin de registrarla y extraer de ella los Mapas y Banderas de que habla su declaración y no encontrando ministros que me acompañaran recurrí al Excelentísimo Señor presidente, Gobernador y Capitán General para que me proveyera los auxilios necesarios, quien me entregó la orden que acompaño, y con ella pase a la Casa de la morada del Capitán de aquel Partido Don Juan de Dios de Hita e instruido de ella me auxilió con tres hombres buenos y Don Manuel Torres que se hallaba presente, pero encontrando la Casa cerrada se solicitó el paradero de su mujer y se nos informó hallarse en La Habana que su entenados tenían la llave en cuya virtud ocurrimos a la de estos que nos acompañaron, y abriendo la puerta principal ejecutó el registro con vista del dicho Capitán los testigos e interesados sin que la vecindad hubiera penetrado el fin de este, como ni los testigos, mediante lo cual encontré en un cajón al parecer de pino con tapa corrediza un libro con varios planos y figuras que estaba oculto en un baúl de la ropa del antes dicho Aponte, dos varas de platilla, y, en otro de una mesa tres papeles que parecen ser copias de dichas cédulas, todo lo que he conducido al referido Castillo, y puse en manos del Señor Juez Comisionado, y para que conste lo pongo Para diligencia de que doy fe Emdo. firma Vicente de la Huerta.

***

En el Castillo de la Cabaña, en veinte y cuatro de Marzo de mil ochocientos doce años.

El Señor Doctor Don Juan Ignacio Rendón oidor honorario y Juez Comisionado dijo que habiendo resultado de una de las declaraciones del negro José Antonio Aponte recibidas en el expediente principal del asunto que en su Casa deben existir varios mapas y bandera, con alusión al Crimen que se inquiere, dispuso inmediatamente de orden verbal que sin perdida de instante pasase el Escribano Real Don Vicente de la Huerta auxiliado competentemente a la habitación del reo para practicar con la mayor escrupulosidad el escrutinio de todas sus piezas muebles y demás lugares donde pudieren hallarse los instrumentos confesados por Aponte y cualesquiera otro conducente a la materia del procedimiento y como evacuada la diligencia se han encontrado tres borradores de reales cédulas, un Libro con forro de papel pintado, y dos varas de platilla nueva. Mandó Su Señoría que formándose cuaderno separado se agreguen a él los indicados borradores, o copias examinándose al mismo Aponte con presencia de todo por el Licenciado Don José María Nerey a quien se comete para que le haga las interrogaciones que considere oportunas a la verdadera inteligencia de las pinturas comprendidas en el referido Libro, papeles y lienzo con arreglo también a las instrucciones que se le han comunicado. Que por este que S.S. pronunció así lo mandó y firmó doy fe Rendón Ante mí Vicente de la Huerta

***

[Se inserta en fojas 5 a 10, copias de Reales Cedulas, expedidas en 1780, 1778 y 1779]

***

Declaración de Clemente Chacón[2]

En la Fortaleza de San Carlos de la Cabaña en veinte y seis de Marzo de mil ochocientos doce años se hizo comparecer ante el Licenciado Don José María Nerey a Clemente Chacón, moreno libre preso en este Castillo natural de la Ciudad de La Habana y vecino de los Barrios extramuros, de estado viudo y según expresó y su ejercicio zapatero, pero en la actualidad Pulpero, de quien recibí Juramento que hizo en la forma dispuesta por derecho bajo

2 Véase José Luciano Franco, *Las conspiraciones en Cuba de 1810 y 1812*, Barcelona, Linkgua ediciones, 2019, pág. 79.

del cual ofreció decir verdad y le fueron hechas las preguntas siguientes.

1. Preguntado si tiene noticia de un Libro que comprende varias pinturas y existía en poder de José Antonio Aponte dijo que sí.

2. Preguntado que figura tenía el indicado libro y cual era su forro dijo: que era grande sin poder fijar su tamaño no habiendo reparado en su forro pero que lo conocerá si se le manifiesta.

3. Preguntado si es el mismo que se le ha puesto presente, y es el que se aprehendio en la casa de Aponte de que yo El Escribano doy fe dijo: que es el propio.

4. Preguntado si ha visto de las pinturas que incluye el referido libro podrá explicar su verdadera significación dijo: que de algunas le será fácil exponerla mas no de todas pues cuando Aponte lo mostró al declarante, a Francisco Xavier Pacheco y a José del Carmen Peñalver solo anunció que en el Libro estaba Pintada la Cabaña y también que allí tenía el todo lo que encierra la Ciudad.

5. Preguntado si en la ocasión que acabo de referir hizo Aponte algunas otras expresiones o descubrió la idea con que lo había formado dijo: Que igualmente añadió hallarse delineadas en el mismo libro las Fortalezas sus entradas y salidas.

6. Preguntado si entonces indicó Aponte el final con que había figurado en el Libro las fortalezas y demás dijo que no.

En este estado se le fueron demostrando las pinturas una por una desde el principio «hasta la primera donde se figuran dos Ejércitos en acción de batalla, y haciéndose fuego mezclado en el de la derecha varios Negros: y así mismo en la hoja que continúa a la propia mano se notan soldados blancos, y negros uno de estos a caballo con la cabeza de uno de aquellos en la punta de una asta, y otro negro igualmente que tiene una cabeza cortada arrojando sangre hallándose aquí en situación de vencidos los blancos». Se interrogó al que contesta sobre la inteligencia de las expuestas figuras: y si Aponte se la comunicó dijo: Que sin embargo de que enseño el Libro como ha manifestado antes, no les instruyó de la significación de dichas pinturas ni el declarante las alcanza.[3]

7. Se continuó la misma diligencia y habiendo llegado al folio del Libro que entre diversas pinturas incluye también «siete negros en diferentes trajes de General, Monarca, Eclesiástico, uno de ellos con vestiduras sacerdotales y otra de mujer con insignia Real se le preguntó quienes eran las figuras y si Aponte le había explicado a lo que aluden dijo: Que todo lo ignora y que este nada les indicó relativamente.»

8. Preguntado «sobre la siguiente hoja del mismo Libro donde hay Ejército de blancos y morenos en ademán los primeros de caminar atados y en su custodia los segundos con armas» dijo: Que tampoco les hizo presente el nominado Aponte en lo que terminan, y únicamente decía que era Acampamentos.

9. Preguntado si cuando indicó lo que acaba de exponer el que absuelve descubrió el objeto de acampar las tropas y donde dijo: Que no, expresó lo que se inquiere al referido Aponte.

10. Preguntado con vista del retrato de un negro que a su pie tiene esta inscripción JOSE ANTONIO APONTE y ULABARRA, y al lado de la pintura un Plano dijo: que de todo, solo sabe que es el retrato del mismo Aponte.

11. Preguntado de donde le consta ser el retrato de Aponte, el que ha examinado supuesto que no hay una semejanza entre la copia y el original para llamarse así con propiedad dijo: «Que Aponte lo expresó así, advirtiendo que colocaba en el libro su retrato para que se supiese que era una persona [gran]de pues en el día destinado a la revolución que se proyectaba lo encontrarían hecho Rey.»

12. Reconvenido por el Doctor Don Rafael Rodríguez sobre haberle dicho el declarante el día de ayer que tenía conocimiento

---

3   José Antonio Aponte explicará detalladamente esta hoja y las siguientes en el interrogatorio a Clemente Chacón a lo largo del proceso. Ver más abajo.

de las figuras lo cual le conversó en presencia del Escribano Real Don Vicente de la Huerta respondió que «a lo que se contrajo su exposición al nominado Doctor fue a tres cuadritos que Aponte mostró al que absuelve; uno en que estaba figurado Christóbal Henriquez, el que suena Rey del Guaríco, otro que llamaban el General Salinas, y el otro con la pintura de un General cuyo nombre no recuerda, aunque todos estaban rotulados al pié con Letra de molde asegurando el mismo Aponte que se los habían remitido de la Isla de Santo Domingo».[4]

13. Preguntado si Aponte designo el sujeto que se los envió del lugar citado dijo que no.

14. Preguntado «Si entiende la pintura que contiene la vista del mar con dos embarcaciones, algunos negros en traje de Eclesiásticos y seculares, un Religioso del Orden de Predicadores, un clérigo, otro, al parecer Arzobispo, y un negro con demostraciones de superioridad, bastón y banda cruzadas dijo que no lo comprende, aunque hace memoria de que Cristóbal Henríquez en el cuadro estaba señalando «con la mano izquierda y en la derecha un sable con un Letrero a sus pies que decía: Cúmplase lo mandado.»

15. Preguntado en orden a la otra hoja donde se figura un soberano poniendo su mano izquierda sobre la cabeza de dos militares negros dijo que según Aponte le explicó representa al Rey de España en tiempo del arreglo del Batallón de Morenos, el cual habiéndosele puesto a la vista dos Capitanes del indicado Cuerpo se digno ponerles su Real mano en la Gorra dando a entender que no debían quitársela si no a Su Majestad.

---

4   Se refiere a dos retratos de líderes haitianos importantes: Henri Christophe I, quien fue Emperador de Haití, y Jean-Jacques Dessalines, quien proclamó la República de Haití y se convirtió en su primer emperador. En 1812, las autoridades españolas eran muy conscientes de los eventos revolucionarios en Haití y le dieron mucha importancia a la tenencia estos retratos de los líderes haitianos. Los retratos fueron enviados a José Antonio Aponte desde la isla de Santo Domingo.

16. Preguntado acerca del folio del referido Libro «en que hay pintados varios militares blancos, un Tambor, dos negros, algunas tiendas de campaña, un castillo y otro moreno junto a él, tres banderas, dos unidas, y una separada» dijo: «Que este papel conforme a lo que Aponte manifestó demuestra los diferentes toques de cajas y el modo de mandarlos con arreglo a la ordenanza de tambores que el castillo, en Bacuranao el cual gano su tío Nicolas Aponte el Capitán donde quedó una bandera la coronela, motivo por que no usan de ella en el Batallón de su Clase.

17. «Examinado sobre la pintura de dos Ejércitos de negros, con un Rey varias Embarcaciones en una bahía y figura otro corto número de blancos y debajo la voz [Sa]na Guerin; y al pie del Monarca la palabra FARRACO dijo: Que no sabe la significación de todo lo antecedente aunque cree que serán guerras acaecidas en otras partes según ha oído explicarlo a Aponte».

18. Preguntado en orden a los Santos y Santas negros que siguen y en la parte inferior así al medio otras de la misma clase en diversos trajes dijo: Que no puede dar razón alguna de los que se significa.

19. Preguntado acerca de la otra pintura que contiene diferentes Eclesiásticos morenos con vestiduras Sacerdotales dijo: Que nada ha comprendido de aquellas pinturas.

20. En este acto habiendo hecho presente el declarante «que extrañaba no hallarse en el Libro un Mapa de la Ciudad de La Habana y sus fortalezas cuya explicación daba Aponte se le puso a la vista el plano que está como a la tercera parte poco mas o menos donde todo esta delineado y examinándolo con atención expuso ser el mismo a que se contrajo»; del cual le había indicado Aponte que tenía sacada una copia exacta con las entradas y salidas de las fortalezas para disponer con este conocimiento después de verificada la revolución y distribuir la gente en los puntos que convienen.

21. Se siguió manifestando al que absuelve las demás pinturas hasta la relación del Libro y dijo: Que ignora su alusión.

22. Reconvenía como es posible que no este bien instruido de todas y cada una de las figuras que incluye cuando por el contrario debe presumirse que Aponte con quien llevaba amistad se las hubiese mostrado y explicado con individualidad muchas veces dijo: Que no ha sido así por que Aponte solo le dio [...] el Libro una ocasión sin haberlo sacado antes ni después al menos en presencia del que absuelve.

23. Preguntado si sabe de dos varas de Platilla Nueva que se encontraron en la casa de Aponte con el libro «si es el mismo lienzo que ahora se le ha puesto presente, y si penetró el objeto o destino de él, dijo: Que, le consta haberle llevado a José Antonio Aponte dos varas de Platilla José del Carmen Peñalver» aunque no puede asegurarlo, ni que sean las mismas que ha reconocido en este acto pues nunca las tuvo en sus manos. Y que el nominado Aponte dijo al declarante que eran para el Estandarte que iba a enarbolar en la puerta de su casa.

24. Preguntado si supo que el Estandarte debiese pintarse, y de que modo dijo: Que según le explicó Aponte había de ser blanco, poniendo en él, la Imagen de Nuestra Señora de los Remedios.

25. Preguntado si tiene conocimiento de una Real Cédula en tres copias o Borradores hallados en la misma casa de Aponte con la Platilla y el Libro, en la cual se ordenan varias cosas relativas a privilegios de los Oficiales del Batallón de Pardos y morenos y habiéndose manifestado al que absuelve las citadas Copias que corren agregadas a este cuaderno dijo: Que no las ha visto ni sabe su contenido siendo esta la primera vez que llega esta especie a su noticia.

26. Preguntado si la tiene de que en poder de Aponte u otro individuo, halla papeles Planos, ordenes y cualquiera cosa que diga relación a los proyectos que iban a realizarse y sobre cuales se esta procediendo dijo: que nada le consta en el particular.

27. Preguntado si acaso pudo penetrar quien formó el libro, lo dirigió, pintó, o contribuyó a ello; si Aponte solo, o auxiliado de alguna otra persona dijo: Que no puede asegurar nada de lo que contiene la pregunta por que Aponte le mostró el libro una sola vez según le ha manifestado, y responde que lo que ha declarado es la verdad bajo del juramento prestado se le leyó y expuso estar conforme que es de edad de cuarenta y cuatro años y firmó con el Abogado doy fe

Licenciado Nerey Clemente Chacón Ante mí Ramón Rodríguez.

Declaración de José Antonio Aponte

En el Castillo de la Cabaña en veinte y seis de Marzo de mil ochocientos doce años ante el Licenciado Don José María Nerey se condujo a José Antonio Aponte, negro libre natural de la Ciudad de La Habana y vecino del Barrio de Guadalupe extramuros, en el paraje que llaman Pueblo Nuevo, de estado casado, su ejercicio carpintero y tallador, y cabo primero retirado del Batallón de los de su clase, de quien recibí juramento que hizo en la forma dispuesta por derecho, bajo del cual ofreció decir verdad y le fueron hechas las preguntas siguientes:

Preguntado sobre un libro que del careo ejecutado el día de ayer entre el declarante y Clemente Chacón resultó existir en la casa del que absuelve, donde estaba señalado un Campamento con sus banderas, y que José del Carmen Peñalver llevó al que contesta dos varas de Platilla nueva para la que debían tener dijo: Que es cierto existía en su poder el indicado libro, según se anuncia habrá seis años y lo formó con el objeto de presentarlo al Excelentísimo Ayuntamiento de la referida Ciudad, y por su conducto al Excelentísimo Señor presidente Gobernador y Capitán General para darlo a luz, y que se dirigiere al Señor Don Carlos IV: En prueba de lo cual todavía podrán encontrarse en la casa del que responde dos pliegos de papel unidos, y pintados allí los Señores Regidores el mismo Excelentísimo Señor presidente y el que contesta, con el libro abrazado en ademán de entregarlo con traje de aldeano, y aquellos de recibirlo, particularmente el Señor Marques Cárdenas de Monte Hermoso, el Señor Don José Miguel de Herrera y el Señor Don Luis Ignacio Cavallero, como también el Excelentísimo Señor Don Juan Francisco del Castillo: y aunque las aguas han borrado algunas figuras, quedan otras bien claras y podrá traerse aquí para su examen con otro libro de arquitectura que contiene diferentes figuras de buril y mano del declarante. Que las dos varas de Platilla se las remitió Maroto (cuyo nombre ignora) con José del Carmen Peñalver para hacer un Estandarte y colocar en él, la imagen de Nuestra Señora de los Remedios, pues de su protección solo se debía esperar el buen acierto según lo aconsejó el que absuelve a Clemente Chacón, Maroto, José del Carmen Peñalver, Francisco Xavier Pacheco, tratando estos de hacer banderas.

Salvador Ternero atrajo al que responde [...] de cinta blanca de Seda como de dos pulgadas ancho y estampada con motivo de haber advertido el que absuelve que para poner la virgen en el Estandarte eran precisas las cintas.

Preguntado donde esta la Imagen de Nuestra Señora que había de colocarse en el Estandarte, los dos pliegos de papel con las figuras que ha indicado los cintas, y el libro de arquitectura que acaba de expresar en su antecedente dijo: Que este se hallará en el cajón de la mesa de cedro que está en el primer aposento de su casa sobre la mano derecha, cuyo libro está forrado en hule todo negro; las cintas en el propio cajón a la otra cabeza, envueltas en un papelito blanco, las figuras de los Señores Regidores deben hallarse entre otras debajo del mismo Libro donde hay varías estampas, y la Imagen de la virgen sobre la mesa junto a una Urna del Niño Jesús advirtiendo que la Efigie de Maria Santísima de que habla tiene una [...] la de papel verde.

Preguntado si el libro que incluye el campamento es obra del declarante únicamente o si ha contribuido a dirigirlo formarlo o pintarlo, dijo: Que nadie ha tenido la menor parte en el referido libro, que la idea es del que contesta, su dirección, igualmente su dibujo y pintura, sin que persona alguna le halla ni ilustrado ni auxiliado al intento, pues todo es efecto de su lectura, y que se atreve con presencia de un Libro Histórico a diseñar siempre que se le exija cuanto leyere en él: con advertencia de que no siendo pintor el que absuelve ha solido comprar distintos países grabados, y pinturas para tomar de ellos, o de abanicos usados lo que conviene a su idea, de donde resulta que se hallaron en su casa los países de dichos abanicos en uno de los dos cajones de las mesas que está pronto a que se traigan en calificación de la verdad de su relato.

Preguntado si las dos varas de Platilla que en este acto se le han puesto de manifiesto, y yo el escribano doy fe de ser las mismas que se hallaron en la Casa de Aponte en las que le envió Maroto con Peñalver dijo: que sí.

Preguntado si el libro que igualmente tiene a la vista el declarante, y de que doy también fe yo el Escribano como en orden a la Platilla es el propio que ha expuesto haber formado para dar a Luz y elevar a la corte por medio del Excelentísimo Ayuntamiento de la Ciudad de La Habana por medio del Excelentísimo Señor presidente dijo: que es el propio.

Lámina I

Preguntado si en el concepto de ser su autor según lo asegura en las anteriores, podría explicar circunstanciadamente todas las figuras que incluye dijo: que desde luego lo hará con la mayor exactitud y puntualidad en esta virtud se dio principio a la operación por los pliegos unidos que componen el folio marcado con el número uno, y constan de varias pinturas acerca del cual expuso lo siguiente: la estampa que representa al Eterno Padre sobre un vidrio azogado es la creación del mundo en que hizo Dios [el Empirio] juntamente todas las cosas, y así tiene la lámina inscrita Pa[labra] que dice principio= La que continúa a la Izquierda con el número uno manifiesta el primer día en que fue formada la luz teniendo una Estrella del propio vidrio= así a la derecha el número dos y a la izquierda un Sol con vidrio también, entre nubes aluden al segundo día en que se crearon el Sol la Luna y estrellas, distinguiendo los años meses y días, como lo manifiestan seis estrellas de divinos colores. Según los Planetas la del Norte y otras que las rodean= Tercero día demuestra las Aguas encanaladas y la tierra brotando plantas, flores y yerbas olorosas lo cual se figura en el número tres a la izquierda. Entendiéndose del que mira el libro= cuarto día con el número cuatro fue fijada la luz del Sol= quinto día [terminado] [...] cinco formado los peces y las aves de las mismas Aguas= Sexto día [...] y cinco de [este] fueron criados los Reptiles y del barro damaseno formado el primer hombre= Después de hecho fue puesto en el Paraíso terrenal lo mas alto de la tierra, comprendido bajo el número seis: y habiendo puesto nombres a los animales le infundió sueños y le dio compañera. El mismo día seis les intimó el precepto de no comer del árbol: y en el propio día veinte y cinco de[este] se dejo seducir del demonio la mujer, indujo a Adán y pecó también= Una fuente que existe en el medio del paraíso de donde salen cuatro Ríos, Nilo, Gange, Geon, Éufrates.[5]

Quebrantado el mandato divino quedaron Adán, y Eva cubiertos de [tinieblas] trataron de [excusarse] de su culpa aquel con tener mujer hermosa y esta con el engaño del Demonio=

---

5   Esta lámina muestra una versión de cómo se creó el mundo. Sigue la versión del Génesis tal como aparece *Sucesos memorables del mundo*. José Antonio Aponte explicará más sobre esto en el interrogatorio. La biblioteca de Aponte tenía un libro, además, que hablaba sobre el viejo y nuevo testamento, pero no se encontró una Biblia. En cambio, había un *Catecismo de Doctrina Cristiana* que empieza con el mismo principio que el Génesis. En el libro *Sucesos memorables del mundo*, el primer año del mundo se data en 4.004 años antes de Cristo. En la versión de Aponte, el Sol, la Luna y las estrellas se crearon en el segundo día, las plantas, las flores y las hierbas en el tercer día, y el primer hombre y los reptiles en el sexto día.

Lámina II-III

Las figuras que incluye el pliego con la cifra dos puestas por mí el prescrito Escribano, es el Castigo y destierro del Paraíso de nuestros primeros padres encontrando a su salida el demonio en figura de mono echándoles en cara su pecado con la misma manzana, la Lechuza Ministro de la muerte (esta al pie), la Serpiente que engañó a Eva, el [...] la que vio San Juan en su Apocalipsis y la misma muerte que todo lo atraería con la Hoz, [cual un] árbol o tronco cerca de una concavidad, advirtiéndose que el número tres queda incluido en esta explicación.

Lámina IV-V

Los números cuatro y cinco empiezan por el día lunes en signo de Escorpión lo que indica el carro tirado por mujeres que significan el día y la noche.= El número diez y ocho que está dentro sobre una columna y a su pie señala el Niloscopio o medida de las crecientes del Río Nilo en el Cayro cuyas escalas están numeradas de diez y seis a diez y ocho; hallándose a su Izquierda la misma Ciudad del Cayro= a la derecha están los influjos de la Luna inclinando a la tierra en las montañas de Catajipa dónde existe la compuerta del Nilo.

Lámina VI-VII

El número [...] y el siete figura de planeta Marte tirado por dos Caballos subiendo una cuesta con el [Escip]ion convertido en Gallo: El número cinco, que arriba en la parte de adentro muestra el quinto cielo Sitio del ante[rior] Planeta cuya influencia son Guerras: Gobernando Claudio llamado también el Preste Juan, que llevaba por botas Garras de León y está pintado a la derecha; sucedió que el Ber de Alexandría faltando al Padre del Senso entró en una Población y la arrasó: De lo cual noticiado el mismo Emperador anegó el Cayro cortando las compuertas con el Catadupo y partiendo el propio Claudio con los caballeros de San Antonio Abad que visten de negro y [...]om[...] y estan sujetos a la disciplina los portugueses marcharon unos contra otros según lo manifiesta la pintura y los Ejercitos que estan haciendo fuego y entonces dispuso el gran Señor que pagase el Rey; cesando la Batalla con esta providencia.

Aquí fue reconvenido el declarante sobre los [...] negros que se notan en Claudio y los que titula Caballeros de San Antonio; pues sin embargo de que el traje fuese de aquella color[...] parece extraño serlo también sus semblantes dijo: Que en razón de ser naturales de Abisinia e[n] las Indias Orientales [su tosta...] pero como habiendo los portugueses descubiertos o conquistado la indicada parte del Orbe se unieron unos y otros para la Batalla referida.

Preguntado a que aluden las de cabezas blancas, una levantada por un moreno y otro en la mano del que esta detrás, ambos a caballo y arrojando sangre la segunda, dijo: Que todas son acciones de la Guerra. Reconvenido acerca de que los portugueses según su explicación que se haya en el Ejército de la derecha, junto al Preste Juan parecen arrollados y destruidos con el fuego: no menos que una de las cabezas demuestra que no es de moro: porque no era regular que aquellos amigos de los de Abisinia fuesen destruidos por sus mismos aliados dijo: Que los que se pintan como abrasados lo expresan de los fuegos de los moros que estan [...] a la izquierda, y que las dos cabezas [...] su [dispuest]tos aunque a una le falta el morrión [...]: siendo también relativo al mismo asunto los ejércitos más inmediatos al Castillo del Cayro.

Lámina VIII-IX

El número ocho y nueve señala el planeta Mercurio de Géminis tirado su carro por dos milanos y la influencia de su estrella verdosa y caduceo adelanto del comercio= A la izquierda está colocada la Primavera y más adelante a la propia mano consultas y fuerza del mismo Comercio; su guarda queriendo impedir el contrabando encuentra con la muerte y no puede [ev]itar aquel= Un retrato puesto en la Casa del Carro es el de Godoy que en el tiempo de hacerse el libro había llegado a su total elevación; por lo cual se cubrió despu[es] [c]on [oro]pel a[un] [corcel] donde y un Angel q[ue] [...] la pluma a un pájar[o] indic[aba] la caída del mismo Godoy= Así a la derecha se ve un Negro y a su lado el bote del [...] cuyo buque trajo de España la noticia del Almirantazgo= Inmediatamente se representan los Castillos de la Punta y Morro con la Cabaña muelle de Marina y Casablanca, el Navío San Lorenzo que entonces estaba en Bahía de Capitana= Después de la entrada del Puerto se nota una lancha del primer Navío, de la cual saltando al muelle la avaricia da con la muerte; háyanse también la virtud como derecho del Comercio y mas adelante la alegría de este que ha recortado de un País sobrepuesto al papel, en prose[cus]ion de la idea que llevaba el declarante como arriba deja expuesto= Y por [último] a la mano derecha están delineadas las fábricas de Aduana y contiguas las [Comandancias] de Armas Gobierno y Casa de Correo Consulado Iglesia de Predicadores y la que hay de la Ceiba al Cuartel de la Fuerza.[6]

Preguntado como puede conformarse lo que ha manifestado sobre fomento del Comercio ha que alude toda la pintura de estos dos números ocho y nueve, cuando en el muelle se ve la muerte con el caduceo en la mano; lo cual indica destrucción de éste, y no adelanto dijo: Que la muerte destruye solamente la avaricia.

Preguntado con que objeto se figuró la Ciudad para por la parte de la [...]rnia [Llamte.] dijo que en fuerza de ser la mas proxima al muelle, y que también está dibujada en otro folio por distinto aspecto.

---

6   En el interrogatorio de Aponte se menciona que ha estado trabajando en la obra por más de seis años, y en la lámina 8 se menciona un evento de 1808 (la caída de Godoy). Ello puede indicar que la mayoría de las láminas fueron hechas después de 1808 y en los cuatro años previos al juicio de Aponte.

Lámina X-XI

El Número diez y once planeta Júpiter en signo de Sagitario: su estrella clara. Padre aquel de Vulcano, primer herrero arrojado de una patada a los montes de Irineos, y buscando los mejores metales halló el oro, formó fragua, forjó rayos enviándolos a su Padre para volver a su gracia de que le había quedado esperanza como indica la figura de [...] [...]br[...] de lo cual queda admirar la Diosa Juno Esposa de Júpiter [...] a la izquierda de la fragua [...] no [...] los cielos que haciendo tronar el yunque aunque hasta la esfera en [auxilio] de Vulcano= Y al fin de todo hay cuatro niños que demuestran la Jovialidad, voz que trae su origen de Júpiter.

Lámina XII-XIII

Los números doce y trece, el día viernes, planeta Venus, tercer Cielo en signo de balanza por igualdad del tiempo le corona en Tracia por Reina de Chipre, influyendo la estrella música, poesía para tipo encuentros y rendimiento de hombre a mujer: La hermosura del clavel y la rosa figurada en un [...] y [...] damas, la antigüedad de la música y una Aldea [...] a mano izquierda estan [...]cadas las figuras Venus en[...] mismo [...].

Preguntado que significa con respecto a su idea la figura recortada y sobrepuesta de una joven con un papel en las manos y la inscripción siguiente: Mi hijo la Paz es hecha, dijo: Que pareciéndole acomodable al enunciado adorno la quitó de un abanico y la hizo servir según la encontró a su obra.

Lámina XIV-XV

Los números catorce y quince, Planeta Saturno en [...] no dev[...] tirado el Carro por dos [...]onsos cuya estrella arroja y [...] Reina en la Etiopía su esposa Rea, mas a la derecha diosa de las Ciudades y Plazas fuertes como lo manifiesta los tres Castillos que tienen por morrión y los edificios debajo de [...] pies comprendiendo y cañón c[...] [...]ña madre de Neptuno Plutón y [...] El León denota afabilidad a la izquierda se representa el influjo de la misma estrella, los sepultureros hombres entregados al Estudio pre[cipita]ciones manifestando la muerte que esta pintada junto a un cazador la fragilidad de la vida humana: También está figurada la tierra en una mujer próxima a una Escala pues es suplicio de lo que esta y nunca la criatura acaba de subir.

Láms. XVI-XVII

Números diez y seis y diez y siete, el día Domingo [pinta]do el Sol en signo de Cabra en la región del medio día por em[pera]dores se obscurece el color como lo muestran las pinturas [en] la mano derecha. Influencia del Sol y de la Estrella de Venus que lo acompaña al punto del medio día la justicia figurada por la Estatua del [...]bron sin brazos solo invocando la divina misericordia para obras [just. Genl.] que significa la pintura de un hombre moreno de la propia Región son misión al de este empleo El Emperador que sigue manifiesta el Preste Juan la Libert azul y estrellado por nombrarse de la Estirpe de David y el forro encarnado memoria de la Sangre que derramo nuestro Señor Jesu Christo: La piel blanca sobre los hombros pureza y el Toison por San Mateo Corona Imperial con el Espíritu Santo arriba indicando que bajaba cuando la Reina Candase[7] daba el bautismo a los Príncipes en el Río Nilo conducida por Eleunuco su Tesorero a quien dio el apóstol San Felipe, la Concha

---

7   Parece que este evento fue escrito en el siglo I, pero hay referencias a una reina Candace que vivió cinco siglos antes y se enfrentó a Alejandro Magno. Plinio el Viejo y Estrabón hablan de una reina Candace cien años antes del texto. Plinio dice incluso que "Candace" era un título genérico usado por las reinas que gobernaban Meroe en Etiopía.

con que Bautizaba otra Reina y el Libro que tiene en la mano es el de las Profecías de Isaías que iba leyendo Eleunuco en el Carro=[8]

Abalseo primer Apóstol moreno ordenado por el propio San Felipe, está en traje de clérigo con otro libro abierto en la mano= Miguelet, hijo del Rey Salomón y de la Reina Saba, que enviado de su padre a la Reina Candase por travesura, le dio el mismo Salomón las Tablas de la Ley.=

Abraham, otro Preste de las Indias, que no tienen mujer con quien casar de la misma Estirpe, reciben la misma orden Sacerdotal por cuyo motivo se titulan Presbítero: y habiéndose ordenado el propio Abraham bajo un Angel trayéndole vinajeras y hostias. El Patriarca de Alejandría admirado de aquella maravilla subió al Monte amaro haciéndole a Dios la deprecación Cantate Domino Cartieum nobum. Debajo se haya la montaña que acaba de indicarse; un poco mas arriba los príncipes de Abisinia cerca de su casa y del templo del Espíritu Santo que así se llama aquel donde celebró el Preste Abraham el sacrificio en presencia de María Santísima. Y el Castillo que está a la derecha es de los Moros situados en aquel contorno sin haber podido pasar la Montaña y por tanto se mantienen en él.

Preguntado que bandera es la que lleva en la mano la Reina que ha nombrado Candase, dijo: Que es la de Abisinia Campo Amarillo León Cruz encarnada y Espada. Así, a la izquierda de los mismos números diez y seis y diez y siete, se advierte pintado un grande acompañado al monarca en que está representada la Europa: Un cardenal de su santidad que figura la Italia: Los tres Reyes Magos, Melchor Gaspar y Baltasar guiados de la Estrella que se concedió al primero para que condujese a los otros a la adoración de Jesucristo recién nacido que esta mas [a la] izquierda en los brazos de su madre y por último el poniente que lo da a conocer

8 En la Biblia en Hechos 8: 26-38 se habla del Eunuco, un secretario etíope de la reina Candace, que fue encontrado por el apóstol Felipe mientras leía al profeta Isaías. Felipe lo ayudó y luego lo bautizó.

el Sol en su Ocaso. En este estado, siendo ya cerca de las seis de la tarde y en consideración a que el reo está declarando desde las diez de la mañana sobre este y otros particulares dispuso el asesor se suspendiese la diligencia que firmo a reserva de continuarla cuando convenga doy fe.

Licenciado Nerey José Antonio Aponte

Ante mi Ramón Rodríguez.

San Carlos de la Cabaña marzo 27 de 1812. Recójanse por el presente escribano [a quien] da comisión bastante, los papeles pinturas y demás que ha indicado José Antonio Aponte en su declaración anterior, existía en la casa de su morada; pasando a ella con los auxilios necesarios que se les impartirán por quien correspondan, y practicando las diligencias oportunas de que dan cuenta.

Rendon.

Ante mi Ramón Rodríguez.

***

Reconocimiento de la casa de Aponte.

En el Barrio de Guadalupe extramuros, en veinte siete de marzo de mil ochocientos doce años, consecuente a lo dispuesto Yo el infrascripto escribano asociado de Don Juan de Dios de Hita, Capitán Juez Pedáneo de dicho Barrio, y testigos pasé a la habitación de José Antonio Aponte, ubicada en el paraje que titulan Pueblo Chico y ha[biendo] encontrado cerrada sus puertas se dispuso que compareciese uno de sus hijos nombrado Cayetano Aponte que mantiene las llaves y habiéndose abierto por este sus puertas, se procedió a un prolijo escrutinio en los Cajones de las dos mesas que refiere el memorado José Antonio Aponte, como también de un Baúl con ropa, una comodita pequeña que se haya sobre una de dichas mesas cuyas piezas se extrajo un papel envuelto que contiene como dos varas de cinta blanca labrada y estampada y de dos pulgadas de ancho, que se dice haberse facilitado por Salvador Ternero para adorno del estandarte: Así mismo se recogió la Imagen de Nuestra Señora de los Remedios, con el círculo sobrepuesto de papel verde, que había de servir para el mismo estandarte. En los propios términos se recogió el Libro forrado en hule negro, que expresa Aponte ser de arquitectura, dentro del cual se encontraron los dos pliegos de papel con las figuras que ha indicado, varias Estampas, y figuras; de la propia manera se encontraron porción de otras recortadas y algunos países, así de Abanicos como de historias y diseños de palacios, e Iglesias con algunos Planos, que se recogieron según se previene en el citado decreto de comienzo: De la misma manera, se recogieron e inspeccionaron varios libros que se le encontraron, cuyos títulos son los siguientes=

— Primeramente uno en pasta de mucho lujo que se titula descripción de Historia Natural=

— Arte Nebrija=

— Guía de Forasteros de la Isla de Cuba=

— Maravillas de la Ciudad de Roma=

— Estado Militar de España=

— Sucesos Memorables del Mundo=

— Historia del Conde Saxe=

— Formulario de escribir cartas=

— Catecismo de la Doctrina Cristiana=

— Vida del Sabio Hisopo=

— tomo tercero de Don Quijote=

— todos viejos y usados que se registraron con la mayor escrupulosidad por si dentro de ellos hubiese algún papel u otro documento que mereciese atención, que no se encontró y se concluyó la diligencia, que firmó el memorado Capitán siendo testigos el Teniente Don José Prens., Don José Benito Salva y Don Toribio Sotual doy fe— Juan de Dios de Hita—

Ante mi— Ramón Rodríguez.

***

José Antonio Aponte

En el Castillo de la Cabaña en veinte y ocho de marzo de mil ochocientos doce años ante el Licenciado Don José María Nerey se hizo comparecer a José Antonio Aponte para continuar la declaración antecedente que quedo pendiente de quien recibí juramento que hizo en la forma dispuesta p[or derecho] bajo del cual ofreció decir verdad y examinado sobre la explicación de los números siguientes en el libro que comprende las pinturas dio principio de este modo.

Láms. XVIII-XIX

Los diez y ocho y diez y nueve= así a la izquierda está figurado el dios de los vientos. Eolo frente a la boca de Cabañas que se haya debajo rotulada con el Ingenio de Don Gonzalo de Herrera y el Torreón del Mariel, el muelle de tablas en la parte inferior, y el de Don José María Escobar Callo, titulado de Pu[...] y algunos barcos de pescadores= mas a la derecha la diosa Velona en su carro tirado de dos caballos indicando la [ansta.] a la batalla dada por el Capitán Joaquín de Aponte, abuelo del que declara, en el Torreón de Marianao a seis cientos hombre y un milor Ingleses que desembarcaron ahí mismo quedando prisioneros todos excepto el milor que murió y se pinta en esta disposición con vestido encarnado con al pie del mismo Torreón sobre el cual hay una fragata que los condujo a dicho paraje= Junto al Torreón y cerca del muerto hay algunos soldados morenos que le hicieron fuego y otro a caballo que [...] el Teniente Ermenegildo de la Luz= mas a la derecha, sobre unos arrecifes están pintados el Subteniente José Antonio Escoval y el resto de la Compañía de morenos, en demostración de llevar unos hombres blancos prisioneros que fueron los Ingleses, los cuales entraron en esta Ciudad a las seis de la mañana traídos por Nicolás Aponte hijo del nominado su Abuelo que también se ha figurado a caballo dicho abuelo, cerca de una bandera que está bajo la mano de un León escondido en la mayor parte de su cuerpo dentro de una concavidad: situándolos así porque el batallón de morenos tiene dos banderas, con la cruz de Borgoña y le falta la co[ronela] siendo esta la causa de [...] el León pues presenta el [...] milor como de sangre Real debia haber una de aquella clase.

El júbilo del Capitán Aponte a Dios al Rey representado en el León con la bandera a la Patria que se figura en una India conducida en brazos de cuatro, también Indios, otra mujer con dos tambores y otro vueltos del frente al Mariel que se llamaba así el mismo Indio: El júbilo de Aponte vuelve a decir está significado en una décima muda metáfora cuya colocación debía ser en el blanco superior, tiene diez líneas hechas con lápiz; se significa por el árbol puesto abajo en medio de las aguas y florido con llamas = cual estas prodigioso [...] [berde] sobre floridos gajos se derrama.

De Aponte al [Dios] Rey y a la Patria el amor como fuego arde en vivas llamas. Oculto a vuestras vistas su aldor rompiendo de las Aguas el fuerte muro respira llamas en humo puro= La pintura que sigue así arriba, con la Luna al extremo concluye la alusión del mismo árbol con las armas de la Ciudad de La Habana y una Águila sobre otro árbol en adorno de la figura= Continua un exacto plano de los caminos; habitaciones, Iglesias del Quemado, y demás Casas Ermitas, molinos destruidos desde el Marianao hasta la puerta de la Muralla.

Preguntado con que objeto formó las dimensiones; desde el citado lugar hasta la Ciudad dijo: Que solo con la idea de adornar las otras pinturas que acaba de explicar.

Preguntado que habitaciones son las que allí aparecen con una campana fijada en un palo con inmediación a la puerta dijo: Que la primera es la Iglesia de San Antonio cerca del camino del Príncipe y la segunda la Ermita de Zayas en el Horcón.

Lámina XX

El número veinte demuestra el Campo Santo con las figuras que se hayan en el original= A la mano derecha del propio número en lo superior hay dos Estrellas que dan a entender que siempre que se vea alguna de ellas verde, negra o rubia con cola anuncia terremoto, y negra con rabo carestía= En la parte de abajo esta situada la muerte en pie con una llave en la mano izquierda mundo y cruz en la derecha pasando un Escudo de armas, y otros dos que están mas interiores y son mas pequeños.

Preguntado que escudos son estos dijo: Que de la misma manera que ha cortado otras figuras para adornar el libro lo ha hecho con estas ignorando de que sean.

Preguntado si entiende el Idioma latino dijo: Que no.

Preguntado si comprende la inscripción en la misma lengua en el Escudo de la mano derecha que dice así [inscripción en latín ininteligible] [...]ent lupio, [va par] [ab]vel [...]ta es ego ad portes dijo: Que tampoco lo entiende= Sigue la explicación de la figura de color azul con morrión, Escudos y bandera en la mano y es el Dios de las fábulas, el cual manifiesta que siendo la muerte la llave del mundo, todo es fábula como se expresa en la redondilla siguiente= Consume con gran violencia= La parca lo mas lucído= pero jamás ha podido Aniquilar la prudencia.

Esta se pinta por una mujer llamada así princesa de la virtud que está batiendo el fuego y al frente un ciprés que muestra co[...] [lli]darse la prudencia con dicho árbol y el fuego que es un mismo elemento.

Lám. XXI

El número veinte y uno figura del Campo Santo con la tumba regia que se puso alli en la tarde de [su] [bendi]ción sobre la cual hay [dos/doce] ataúdes de los Señores obispo Candamo y Gobernador que fue de esta Plaza Manrique.

Lámina XXII

El número veinte y dos en el extremo superior de la izquierda la Casa de Capitan de S.S.Y. y Camino que va al Campo Santo de la Ciudad de La Habana inmediato al de San Lázaro esto es, al de San Juan de Dios contiguo a San Lázaro dividido uno de otro por una calle= Vecindario, Puente, Hospicio, Torreón, Casa nueva de Texamani, la Quinta de Betancurt de Don Gerbasio, Camino por los Hornos de Cal al Campanario de Guadalupe y que sigue a los barracones mas arriba las canteras, caminos que miran a la Punta, entrada de la Alameda, Campo de Zamora con la horca, la fortaleza de la Punta y senda que va a la Puerta del mismo Castillo.

Lámina XXIII

El número veinte y tres así abajo empieza por el indicado Camino figuradas las dos puertas de la marina y del Campo de Zamora, los fosos que rodean la ciudad, Zanja, desagüe, puertas de la muralla, puerta nueva la vieja cerrada del Arsenal puerta cerrada también que cae a Jesús María calles de esta población y el plano de la Havana con toda puntualidad, Cuartel de Santelmo, San Ignacio Catedral la fuerza y demás fábricas inmediatas hasta el muelle de Caballería, machina Alameda interior, Hospital de Paula, etc: Pintados igualmente los recintos de la Ciudad y sus muros.

A la parte de arriba se ve el Castillo del Morro este de San Carlos de la Cabaña con sus caminos, estacadas, y todas las entradas exactamente dispuestas: muelle de marina Casablanca Castillo de Cojímar a la izquierda: San Diego número cuatro las fabricas donde [es]tab[an] [los fortines]: el muelle de Mar, y melena la villa de Guanabacoa con su[s] templos y calles: Camino de este Pueblo al de Regla que también está delineado con la Ermita y edificios contiguos y respectivos muelle palacio antiguo de Don Gonzalo Oquendo y sigue diseñado lo restante de la orilla del mar hasta el Castillo de Atares, inclinadas las casas de Pólvora la del Señor Don Francisco de Arango y el Campo Santo de la Marina= La Estrella que está en el medio con tres rótulos que dicen Orología, Norte y OctavoCielo manifiesta la de este nombre que es la mayor; la orología que divide las cuatro partes del año y las mas pequeñas son las que hacen la perpicacia del Norte.

Preguntado que fin ha llevado el declarante, en la formación del plano que [ha] explicado en el cual se hayan exactamente dibujadas las entradas y salidas de la Ciudad, fortalezas, pueblos inmediatos, caminos del campo, ribera del mar y demás particularidades que contiene dijo: Que únicamente llevó la idea de divertirse con el mismo dibujo sin otra intención alguna como se comprueba de no hallarse en el figura que indique [...]iera.

Láms. XXIV-XXV

Los números veinte y cuatro y veinte y cinco: En estos se hace presente el autor del libro en su retrato figurando al pecho un Laurel de fidelidad palma por victoria de parecer un compás= a la izquierda se advierte el banco de carpintería donde se trabajó el referido Libro manifestándolo el blanco y la infancia representada por una figura de niño atada a una columna y en la plana del frente un rostro de anciano que significa atarse la infancia recuerdo de antigüedad, se ven igualmente sobre el banco tintero, reglas y botes de pintura= Así a la mano derecha en lo inferior aparecen dos Indios sustentando las Almas, la Ciudad de La Habana en la boca del Morro por la salida del declarante el año de mil setecientos ochenta y dos que se notó arriba para la invasión de la Isla de Providencia que se ve pintada a la derecha con sus callos inmediatos Buques conductores de las compañías de morenos que saltó en tierra a las ocho de la mañana abriendo un monte como de una legua por el mismo Cayo y durmiendo aquella noche a la orilla de los arrecifes frente al Pueblo hasta la tarde siguiente que pasaron al muelle de la Aduana y se alojaron en el Castillo del Fuerte [Na…] habiendo precedido a todo esto las Capitulaciones.

Preguntado que indican los números hasta el diez y siete que están distribuidos en el dibujo de la Isla que llama Providencia si conserva escrita la explicación de ellos según es regular dijo: Que los números pequeños de que se le interroga sirven para señalar los diversos parajes y edificios de la isla que únicamente el motivo de colocarlos allí facilitando al que absuelve la formación [… en el] pag. de lo que había visto: sin que hiciese explicación alguna en otro separado.

Preguntado quien es el que se pinta ahorcado en uno de los extremos del cayo dijo: que es la figura de un negrito de la misma Isla de providencia que según refirieron fue ajusticiado por haber querido violentar una mujer de su misma condición.

Lámina XXVI

El número veinte y seis significa a Diógenes dentro de una tinaja en las desolaciones de una Playa protegido por la Diosa Isis que le favorecía y esta figurada arriba en un carro donde bajaba todas las tardes a proveerlo de cuanto necesitaba. De lo cual instruido el Rey Don Rodrigo representado al pie mandó a Diógenes salir de la tinaja quien le contestó que siempre que la Majestad del Rey hiciese lo que el con su pobreza le obedecería: y preguntado por el Rey sobre que podía hacer sacó dos puños de tierra mostrándole un cetro en la mano derecha y en la izquierda el Escudo de Armas y banderas de España. Animado el Rey de aquella maravilla da gracias a Dios y le previene se quede en su tinaja volviérase a su Reino en el navío donde había ido y esta pintado más a la derecha Reconvenido como pudo Diógenes conforme a la explicación Antecedente haber formado el Escudo y Cetro de España de dos puños de Tierra que según asegura el declarante sacó de la tinaja: pues aquel filósofo no era capaz de hacer naturalmente tales prodigios dijo: que siempre se ha persuadido y creyó que seria efecto de su inteligencia con la Diosa.

Lámina XXVII

El número veinte y siete duplicado es un mapa de la Europa como lo indican los renglones con que están distinguidos los lugares= también se representa el África y el Asia, figurados igualmente los habitantes negros de aquella región= Se ve así mismo la Isla de Cadiz con el Castillo de San Sebastián y el peñón de Gibraltar al frente.

Lámina XXVIII

El número veinte y ocho comprende la figura del Escorial a la derecha e izquierda y en el Centro un Panteón Real con el dicho Trofeo comprome[tido] a la Tierra y otro Panteón donde esta puesto el nombre de Carlos III y las armas de España unos pájaros como el campo y colocada la Imagen de nuestra Señora de Atocha [en] el templo del mismo San Lorenzo del Escorial; en cuyo día fue ganada la batalla de San Quintín por el Rey Don Felipe V y el número ocho que está debajo del Panteón mayor significa ser el escorial la octava maravilla.

Lámina XXIX

El número veinte y nueve manifiesta la venida del Padre Mantex a Valencia de la compañía de Jesús y es el que está pintado con sus hábitos entre los [dos] informó [...] [...ta] al obispo ser de Mala[ga] los morenos de la Abisinia, representados a la derecha se aparecen Don Juan de Bartasar uno de ellos como embajador el mismo que en la pintura tiene insignias de caballero de San Antonio Abad presentando al mismo Padre, y Condes los libros de la Sagrada Escritura así a donde señala con el dedo de la mano derecha que había comprado a los Griegos con piedras preciosas y dinero, de lo cual [resul]ta[do] confundido el Padre Mantex y los condes franquearon a Baltasar la entrada en Valencia; quien tubo por su defensor allí al Padre [Fr.] Yrreta del orden de Predicadores.

Lámina XXX

El número treinta no explica otra cosa sino una Dama cortesana con el [Haz] de Cádiz su patria en la mano.

Lámina XXXI

El treinta y uno representa a nuestro Rey Don Carlos III (que en Dios goce) en demostración de poner una mano sobre el gorro de uno de los militares negros que son el Teniente Antonio de la Soledad, y el Subteniente Ignacio Alvarado naturales de la Ciudad de La Habana los cuales hicieron el ejercicio delante de Su Majestad y tratando de quitarse la gorra no se lo permitió el Soberano, sino por el contrario se la apretó mas a Soledad y le pasó el dedo por la frente para desengañarse si tenían según estaba persuadido por noticias= Detrás del Rey están las figuras del Señor Don Carlos IV e Infante Don Antonio y a la parte de su derecha al concluir el pliego se ven los trofeos de Guerra.

Lámina XXXII-XXXIII

Los números treinta y dos y treinta y tres representan la casa Real del mismo Señor Don Carlos IV al cual debía dirigirse este libro, y la Reina su Consorte en ocasión de habérsele manifestado el plan de ordenanza que es el figurado en los militares que siguen a la derecha dando principio por un moreno nombrado Juan José Ovando primer Capitán que vistió la casaca el año de uno del Siglo pasado en acción de mandar el toque de la generala= Siguen ocho blancos y de estos con espada en mano que le indica el primero el toque de las banderas, el segundo la Asamblea pausada, el tercero redoblada el cuarto marcha pausada, el quinto idem. redoblada, el sexto marcha granadera, el séptimo alto y el octavo con un bastón retirada pausada= El Capitán de morenos [...] Jaques que se ve a la otra cabeza hace señal de tocar retirada a paso redoblado= Los soldados o militares que están más abajo de los explicados empiezan por el Comandante [Lorenzo] [...] [llamado] [...] Comandante que fue del mismo [...] [Ba]tallon y tenía la medalla del [Rey] Don Felipe V [está con el bastón] mandando el toque de Saludo Obando= Continúan pintados ocho blancos con bastones, Espada, y entre ellos un Tambor: el primero [celebración] de llamada y el segundo de oración, el tercero de misa, el cuarto de orden, el quinto de fagina, el sexto redoble de parche y aro, el Séptimo toca la diana y el octavo redobles [cargos]: El Capitán Joaquín Aponte de la Real Efigie del Señor Don Carlos III que está pintado junto a un caballo, y es el de Marianao con un sable en la mano derecha en demostración de mandar el toque de cada cuerpo: representando más adelante un campamento como para un regimiento [...] el tropas de morenos dividido el propia campamento por una calle y [...] encarnadas [...] ando por la [gran v]ia del Campo del primer Batallón que tiene la [fuerza] de Combate cañón y dos [...]: arriba del Castillo de Marianao están pintadas tiendas de campaña y la tropa en disciplina y Patrullas= Tres banderas blancas con cruz de Bolgoña dos unidas y una separada que es la del primer batallón suponiendo que el acampado fuese un Regimiento, el cual debe tener cuatro y falta aquí la que arriba queda explicada en la pintura donde el León la tiene en la mano a la muerte del milor= Mas a la derecha en la parte superior está otro acampamento primera Caballería o Dragones que no está ocupado sino con tres figuras a caballo que representan el Capitán Joaquín de Aponte al Teniente Ermenegildo de la Luz y Subteniente José Antonio Escoval que se pasean por el prevenidas y [...] la tienda para guardia del Campo[...] [...a] de combate [...] los comunes y tiendas de comer= Así a la misma mano derecha se ve el Castillo de la Chorrera Punta brava y Castillo de Santa Clara, el del Principe Torreón de San Lázaro, la Punta, el Morro siguiendo al extremo de la pintura y para abajo a la parte opuesta del mar la puerta de la Punta Almacenes la Ceiba inmediata a Santelmo y termina en la Casa del señor Conde Casa Ballona y San Ignacio= La figura gravada con tinta azul que se haya en lo superior entre Nigero y Cojímar tirada por dos águilas significa [el agore] del Aire: la otra entre Santelmo y la Cabaña es Neptuno que sale del mar= la Ciudad de La Habana se denota cerca de la Punta en el campo de Zamora por una Dama con las armas de la Ciudad presenciando a los oficiales de morenos nombrados antes en memoria de las que la han defendido= Debajo están tres Damas sobrepuesta y dos galanes del mismo [...] uno sentado y otro en pie explican el jubilo de la misma empresa que se manifiesta en el campamento.

Preguntado Si todo el pliego tiene conexión de manera que sus figuras dependen para la inteligencia unas de otras dijo: Que la tienen y comp[...] [...] a demostrar la idea de presentar este libro al Soberano por los conductos ya referidos si se estimaba conveniente.

Preguntado a que aspiraba el declarante con que su obra se elevase al Rey que premio pretendía y por que medios, pensaba [...] [...] [se]gundo dijo: Que solo deseaba la recompensa que Su Majestad quisiera darle si lo consideraba digno de ella por los medios del mismo Excelentísimo presidente Gobernador Capitán General y Excelentísimo Ayuntamiento.

Preguntado por que se advierten los militares, marinos a la vanguardia y retaguardia y los blancos en el centro dijo: Que para manifestar la antigüedad de la for[...] Juan José Ovando primer Capitán de morenos que vistió casaca en el año de uno del siglo pasado la de Lorenzo [...]mina Comandante con la medalla del Señor Don Felipe V, la de Alejo Jaguer Capitán de Guerra de no[...] del propio batallón y la de Joaquín Aponte que mandaba el Castillo de Marianao [...]cion que acaso le daría el Se[...] que entonces era y también se hallaba condecorado con la medalla que le concedió el Señor Don Carlos III a la vuelta de Nueva Orleáns donde fue con el Excelentísimo Señor Conde O´Reilly. De suerte que si [...]

imiento de m[ilicias] blancas si alguno otro es mas antiguo que haber vestido la casaca blan[ca] [...]do.

Preguntado por que motivo tratando de indicar la antigüedad del nominado Ovando no se colocó este [...] [...] [...]ber de la otra Tropa, sino tres mas en quienes no concurría a aquella circunstancias dijo: Que si hubiera sido una sola columna habrían bastado dos, pero siendo este el número de los [p]intados se necesitaban cuatro morenos para resaltarlas.

Preguntado [por] que [...] [...] dos columnas al menos una con militar blanco salvando siempre la antigüedad de Ovando en que consiste que no hizo así colocando por el contrario en el lugar preferente a los otros morenos que no gozaban el privilegio de aquel dijo, Que como de Ovando dependían [...] otros [...]ya [confirma] situarlos como muestra la figura para la cual tuvo en memoria [...] el Excelentísimo Señor Don Juan Manuel Cagigal hizo en el campamento que formo en los barra[cones] de varios Regimientos que [...] [enton]ces existían en la Plaza de la Havana como eran el de S[...]ria, [...]gon, Guadalajara y otros que mando pronto en el centro después de rendido [...] campamento colocando a b[uena] guardia la mitad del [...] [batal]lon dentro [...] [...] con [gran]aderos y banderas y la otra mitad de dicho batallón con los cazadores á retaguardia de los demás Regimientos.

Preguntado a que regimiento se refiere la inscripción que tiene el Escudo de armas de la ciudad gravado todo y sobre cuanto la g[...] dice Regimiento de Infantería [...] voluntarios de la Havana [...] dio que al batallón de morenos.

Reconvenido como puede ser el [...]lo de Regimiento a un solo batallón dijo Que en tiempo del Señor Conde de Jaruco y Excelentísimo Señor Conde de Santa Clara se formaron tres batallones de morenos siendo el primero el que existe hoy, el Segundo de retirados, y el tercero de nueve compañías de reclutas disciplinado: para el mismo regimiento, cuya organización quedó después sin efecto: y como corrían los Escudos y licencias bajo la nomenclatura de regimiento se le daría esta en la inscripción presente que no es pintado por el que absuelve como apunta, y por tanto se [a]testaba posteriormente la voz de regimiento en las indicadas licencias: lo que igualmente acredita la división que hizo el propio Señor Conde de Jaruco del Batallón de morenos tomando de las compañías primera m[...]es para formar el batallón, y con las segundas, el segundo batallón mandando aquel el Comandante Mateo [Mor] enos y este el Capitán Juan de Mata.

Preguntado en que se fundó para no haber [...] campamento de blancos sino de morenos así para la Infantería, como para la caballería dijo: Que como la acción de su abuelo Joaquín Aponte en el Torreón de Marianao dio motivo al Campamento lo figuro de las tropas de su clase dejando el campamento de caballería para los blancos pues no la hay de morenos: Y teniendo Aponte gente sobrada para otra acción lo manifestó representando un Regimiento acampado.

Reconvenido sobre no haber pintado blancos en el campo del[...] a la caballería sino [...] oficiales negros a caballo y con centinelas de la misma condición dijo: Que nunca llegó a ocupar caballería el enunciado camp[...] que aunque violentamente de la [...] [...] [...] a la mañana pudieron pr[ocu]rarle los propios morenos [...] [...] es que se han figurado en él estos, y no los otros.

Preguntado con que intento se puso al remate de la pintura parte [de] la ciudad de La Habana [y] toda sus fortalezas [...ana] no guarda proporción la distancia entre estos y el torreón ni se ven caminos que guien a ella dijo: Que lo hizo por que siempre en estos casos debe contarse con el principio de donde salen las Tropas y fue la única razón que tuvo para concluir el país [...] dicho campamento en el modo que aparece: advirtiendo que lo [...] [tante] al pie de los Reyes [son] [...]no de la Sala del Palacio figurando a la izquierda el Dios Apolo y después sus tres hermanas Caliope, Clio y Melpomene, y en el papel blanco que media entre uno y otro era el lugar destinado para las pinturas de que habló antes el declarante cuando expuso que quería dar a luz este libro y presentarlo al Rey valiéndose para ello del Excelentísimo Señor presidente Gobernador y Excelentísimo Ayuntamiento. En este estado se suspendió la declaración para continuarla según convenga que firmo con el asesor doy fe.

Licenciado Nerey José Antonio Aponte Ante mi Ramón Rodríguez.

***

José Antonio Aponte

En el Castillo de San Carlos de la Cabaña en veinte y nueve de marzo de mil ochocientos doce años ante el Licenciado Don José María Nerey se hizo comparecer a José Antonio Aponte para continuar la diligencia que quedó pendiente [...] a cuyo efecto se le tomó juramento que lo hizo en su forma dispuesta por derecho bajo del cual ofreció decir verdad y examinada entre la explicación de los números pintados que se contienen en dicho libro se le dio principio en la manera siguiente.

Lámina XXXIV

El número treinta y cuatro en la efigie del Señor Don Felipe V cuyo semblante se halla demasiado trigueño por ser vieja la estampa de donde recortó el rostro para pegarlo en el papel y demás, la fábrica del palacio Real.

Lámina XXXV

El treinta y cinco: significa el sueño por una dama que tiene recostado sobre su cuerpo un hombre dormido.

Lámina XXXVI

El treinta y seis indica la edificación de Roma, por Rómulo su primer Rey: el campo El libro de pinturas de Aponte / Gramatología de la clase negra y de la historia universal de Cuba / Jorge Pavez Marcio con algunos soldados vencedores a las puertas de la Ciudad Casas de los Reyes el coloso de Apolo, puerta de San Pablo y sepulcro de Cayo VI.

Lámina XXXVII

El treinta y siete comenzando por la segunda representa al Papa Clemente XI con un Cardenal y otro religioso de la orden de San Benito ambos morenos, el primero nombrado Jacobo y el segundo sin nombre y bibliotecario de su santidad.

Preguntado en que tiempo y porque ocasión fueron estos dos negros Cardenal y bibliotecario de Pontífice, dijo: que no puede señalar el tiempo ni la ocasión de lo que se le interroga porque no lo ha leído y lo sabe solo por conversación.

Preguntando con quien tuvo la conversación a que se refiere en su respuesta in[scri]ta dijo: que habiendo venido a esta Ciudad de España un negro cuyo nombre ignora, el cual tenia el libro de la historia general y le instruyó acerca de ambas figuras en razón de hallarse el declarante formando entonces esta pintura: que el que absuelve ha leído el libro de la vida de San Antonio Abad, donde hay mucho de lo figurado en este papel: y la guía de forasteros de Roma en que se da noticia del Templo que existe en la misma Ciudad titulado San Esteban de los Indianos detrás de la Catedral de San Pedro; lo cual demuestra la parte superior del número que se explica hacia la derecha.

Reconvenido: acerca de lo inverosímil que es la ignorancia del nombre del negro que le anuncio el pasaje de historia relativo al Cardenal y bibliotecario mas no cuando por esta circunstancia debe presumirse que lo trató mas de lo que da a entender en contestación anterior dijo: que se remite a ella pues del mismo modo que con aquel individuo le ha sucedido con otros cuyos nombres no ha sabido aunque han conversado.

Los cardenales, acompañados del General franciscano y el de San Bernardo que aparecen en su inferior hacia la parte izquierda salen a recibir al obispo de la india oriental pintado mas adelante debajo del Templo de que hablo arriba el cual viene asociado de varios familiares seculares y eclesiásticos todos morenos= Los dos religiosos mas próximos a los Cardenales uno Dominico y otro de San Benito son A A. de la verdad de la historia que le explicaron nombrados Fray Luis de Yrreta el primero, y el segundo el Padre Álvarez= El otro cardenal figurado en una puerta está para el recibimiento indicado en unión del Duque de Florencia mas cercano a su persona [...] de Toscana un poco mas retirado [...] [...]tiendo que el Padre Álvarez del orden de San Benito era moreno.

Preguntado a que alude la palabra [Firen]ca escrita en una columna [...] Puesta junto al que llaman Duque de Florencia: dijo: que sin embargo de aparecer aquella voz, lo que indica es Florencia aunque no con todas sus letras, como se nota en el otro letrero de Toscana; porque unida la F. con la L. resulta una FI.

Siguen a la derecha del mismo número treinta y siete el Padre Pereira Carmelita, el Padre Oviedo Jesuita que fue prepósito de lengua latina en Abisinia, continúa la pintura de un Cardenal deteniendo a los Padres Jesuitas Illescas y Maceo con su conductor, porque eran contrarios de los de Abisinia= Sigue una puerta fabricada por el sumo Pontífice Pío IV y el Templo de Santa María del Pueblo, a cuya puerta están tres morenos en traje de eclesiásticos.

Preguntado con que objeto se pintaron esos con semejantes vestiduras, y si en Roma donde ha dicho existir el templo los hay, dijo: que se colocaron allí como el lugar propio de sacerdotes; y que se persuade los hay de esta condición por haber oído a los reverendos padres Fray Diego de Soto y Fray Rafael Miranda a su vuelta de Roma referir que los vieron en un concilio a que asistieron predicando la Basílica un moreno que traía el General de Abisinia que también concurrió: con la advertencia de que no oyó el declarante inmediatamente a los Padres Soto y Miranda sino a otros que lo conversaban como referido por aquellos=

Está después la pintura de un Religioso de la orden de Predicadores con el nombre de Tomas y de color moreno el cual fue Prior del convento de San Esteban de los Indianos edificado por Clemente XI para individuos de esta clase, como consta en la guía citada de la propia Ciudad= Mas adelante se ven dos negros con los nombres de [Tomas] y Marcos y son peregrinos según manifiesta el vestido y cruz en la mano; uno Bordado en cánones y Leyes, y otro en Teología y Filosofía, cruzados también con la de San Antonio Abad.

Al fin está el Padre Sandoval Jesuita y autor que testifica con lo demás, la realidad de los referidos individuos morenos= Concluye la estampa o pintura con dos embarcaciones la una que los condujo, y la otra de Moros apresados.

Lámina XXXVIII
El número treinta y ocho contiene el coloso de Rodas, y el cuatro sobre su cabeza el ser la cuarta maravilla= Las figuras sobrepuestas anuncian el pasmo y admiración del mismo Coloso: Poblaciones, mar, un castillo, y una pequeña casa donde termina el pliego.

Lámina XXXIX
El treinta y nueve representa la Diosa Venus con su hijo Cupido junto a un Torreón que es su morada y una mujer a la puerta nombrada Calia que la guardan= Siguen de sobrepuestos Eufracia y Apolo: una embarcación con tres palos donde se figura Cupido atado a la razón que es el palo mayor fingiendo mal de celos con el color amarillo, el azul amor ausencia y esperanza con el oro y plata como logro de ella= Acaba el número con el Dios Neptuno.

Lámina XL

El número cuarenta significa la primera maravilla con el uno arriba, y es la Ciudad de Babilonia, Semiramis que reinó despues de Nemrod= Daniel en el lago de los Leones= Mor[...]at, Nabuco Donosor los tres niños del Horno= Y al [fin] de la pintura el arcángel San Miguel destruyendo la soberbia del mismo Nabuco.

Lámina XLI

El número cuarenta y uno representa el Templo de Diana en Éfeso fabricado dentro de un lago a la izquierda el Emperador Tirio, y el así figurada a los pies; la moda: la pintura: Euterque con la lid: Arriba Medusa: Liria y Sírene sus hermanas, Perseo que la buscaba para cortarle la cabeza: la ciudad de Éfeso, y puertos inmediatos= Debajo de Diana, y de Desón esta Analipe y las Amazonas con un numero cinco indica ser la quinta maravilla= A la derecha Marte, y Palas, la carpintería y la primavera, las cuatro ninfas de Venus, y Cupido danzando en medio de ellas que desembarcó de la nave también pintada mas adelante con una bandera que tiene cuatro ases y demuestran el baile de Cupido para que no se oigan los clamores de Andrómeda en cadenas que se ve encima de Marte custodiada Hidra y acaba todo con el palacio de Neptuno hecho de cristales en el fondo de las armas.

Lámina XLII

El cuarenta y dos: las pirámides de Egipto con el número seiscientos ochenta y dos al pie; y el quinientos arriba denotando su circunferencia y altura= La figura de la izquierda demuestra la mortalidad incorruptible de los cadáveres que existen en el Campo Santo comprendido en toda esta pintura= Sigue representada la niñez y buen pensamiento. Continúa los Panteones que guardan los pirámides y acaban en una mezquita.

Lámina XLIII

El número cuarenta y tres es el campo santo de Na[...]i, donde Jesus Cristo obró el milagro con el hijo de una viuda figurados todos allí con parte del pueblo= Mas a la derecha esta un sepulcro Real de Bosca Rey de los [Sertas] que mandó poner junto a él, un ciprés para recordar la muerte de su hija Siparisa enterrada allí; lo cual denota la figura de un esqueleto colocada en el sepulcro. Acaba el pliego con una ermita del mismo Campo Santo.

Lámina XLIVa

El número cuarenta y cuatro primero: la Ciudad de Alejandría con la Isla de Farros y Torre que mandó fabricar Alejandro Magno, segunda maravilla y es lo que explica el numero dos a su pie= Sigue Egipto con la casa de David, y la de Erias: Campo de Gervoer y montañas de Jerusalén donde están, un hombre y una mujer sus habitantes= Un Angel con la espada levantada señalando el templo de Salomón que se halla debajo con las naciones que despreció cuando vino a las puertas de Jerusalén a recibir la Reina Saba como aparece pintado mas adelante y la Reina también con acompañamiento y varios animales; la cual se detuvo al pasar un río por haberle formado el puente con maderos que habían de servir a la redención= Se representa el Castillo [...] Mero con dos Generales a la puerta, y arriba caballeros de San Antonio Abad morenos, acompañado de los Portugueses maestro de su Disciplina= Desde aquí empieza la división del monte Solagar; algunos negros conduciendo camellos cargados= un cazador de flecha, Elefantes, un negrito jugando con un Tigre= Sigue una pintura grabada y sobre puesta con un hombre, y una mujer atados a dos maderos, y tres negros, el uno en movimiento de dar golpes al hombre blanco, y los otros atizando fuego donde parece asaban algunas cosas= Mas a la derecha está la Ciudad de Saba en donde era Patriarca Jacobo negro cardenal, según se representa mas adelante, natural de Abisinia y cerca de él un religioso de Santo Domingo también moreno del convento de

Benaliges, el cual fue muerto por el Rey moro, pintado al fin del pliego con motivo de haberle predicado aquel religioso contra su concubinato: pero recibió el castigo del ciclo con tres rayos.

Preguntado con que objeto colocó el declarante la figura de los tres negros en acción de quitar la vida al hombre, y la mujer Blanca; supuesto que de los países tomaba lo conveniente a su idea, dijo que no llevó otra sino demostrar que el monte nominado era de bandidos, donde frecuentemente se cometían iguales excesos.

Lámina XLIVb-XLV

El número cuarenta y cuatro segundo empieza con una armada donde se transportó el Rey negro nombrado TARRACO que se figura más adelante; el cual invadió a Tarragona de donde tomó este nombre: aparece con soldados negros algunos con botas encarnadas, todos con lanzas y Espadas llevando seis banderas amarillas= Debajo de la armada aparece un ejército con su letrero que dice asi SANAQUERIN que manifestó el que absuelve ser el de Senaqueril derrotado por el ángel.

Preguntado de que modo sabe que hubo tal Rey Tarraco que tomó a Tarragona dijo: que del libro de San Antonio Abad leído por el declarante y noticias de la Historia universal.

Preguntado si el letrero TARRACO al pie del Rey negro explica el nombre de él, o que significa contestó: que así se llamaba el indicado soberano.

Preguntado en que parte de estas pinturas está figurada la Ciudad de Tarragona dijo: que no se ha demostrado en este pliego la referida Ciudad sino solo la armada que condujo al Rey y sus tropas cuyas insignias de banderas amarillas y leones negros con cruz encarnada son las que usan los de Abisinia.

Reconvenido por que mezcló la destrucción del ejército de Senaqueril con la invasión de Tarragona no teniendo conexión una y otra dijo: que aunque no juegan ambos sucesos, puso lo de Senaqueril por razón de Historia como todo lo demás del libro: y están divididos los lugares por un mar ancho aún sin embargo de parecer estrecho en la pintura.

Preguntado que significan las botas encarnadas que llevan algunos soldados del ejército de morenos, dijo que aquellos son los gastadores.

Continúa el número con el monte Nubia en que se ve a San Mateo en traje de ermitaño convirtiendo dos negros bandoleros que habitaban en el Solagar= Sigue el palacio del Rey Egipo padre de Santa Efigenia y del Rey Eufrón pintados, la primera conducida en andas por cuatro morenos y el segundo sentado en su solio de cristal= Se presentan en un templo nombrado la resurrección varias monjas morenas; el cual fue fabricado en treinta días por San Mateo= Este se ve a un lado convirtiendo las mismas negras y San Paulino de Nola del propio color= Mas arriba se advierte a Ytarco primo de Santa Efigenia que quiso casar con ella: pero habiéndose opuesto San Mateo lo mató o intentó matar Ytarco a puñaladas: a la Izquierda de este se ve Nemrod y a la derecha a Abalican Apóstol ordenado por San Felipe= En lo inferior aparece un negro lego de San Francisco junto a un pequeño Convento; y mas arriba a Yclimanote también moreno= Sigue un castillo chico de la población de la Nubia; y después del Rey Desipron habitaciones del mismo paraje.

Lámina XLVI

El número cuarenta y seis (pues el cuarenta y cinco queda explicado ya en el antecedente) y el cuarenta y siete, manifiestan al medio y en la parte de abajo el grande Abad de los Caballeros de San Antonio y un obispo de la India Oriental, David Príncipe hijo de Santa Elena; de la misma región San Juan Abad de los monjes de la Tebaida, con otros compañeros del obispo y Grande Abad al pié de una columna figurando ser su pedestal: sobre la que está colocada una imagen de María Santísima de Regla y a sus pies la fe que coronan dos negros en señal de abrazarla y defenderla; con el Rey

Moriacatapa y su pueblo a los dos lados= En la izquierda junto a la virgen aparece San Samuel, Santa Elena, y Moisés: a la derecha San Benito de Palermo, Santa Cerma, y San Yliseo. En lo inferior de la pintura de estos pliegos hay cinco figuras blancas en los montes de Almenia haciendo vida de Anacoretas cuatro, y la otra es de Jesucristo con la oveja al hombro como buen pastor= Arriba se pinta el arco y monte donde quedó después del diluvio= hacia la derecha está una columna y sobre ella una figura sin brazos y es la estatua de Nebrión representando la justicia que no debe tenerlos para no recibir nada con ellos; al pie de la columna se ven dos morenos: luego San Pedro de San Salvador: San Antonio Cartajirona Santa Ufrasia San Paulino de Nolas San Felipe Martín cortando la cabeza con una espada que le dio San Miguel a un Rey blanco por blasfemo:

San Serapión: San Ete[...]ver: y concluye la estampa con un Templo, habitaciones de la Abisinia, parte de la Persia, y el Mar Rojo.

Preguntado de que mano está escrita la inscripción del libro que tiene delante el obispo, y empieza nigra sum, pues el declarante ha expuesto que no entiende latín dijo: que el mismo lo escribió con los nombres de los Santos indicados: y sacó las palabras nigra sum con las que siguen de un librito de alabanzas a María Santísima; entendiendo que significan ser negra, pero la mas hermosa.[9]

Preguntado si el que absuelve solo pintó las imágenes dijo que algunas y otras un muchacho morenito conocido del declarante cuyo nombre es Trinidad ignorando su apelativo, y donde vive; pero lo ha visto trabajando en una tienda de pintor en la primera asesoría en la casa de Doña Mariana Barroto viniendo para la punta que cuando este le hacía las estampas era en la referida tien-

9   El emperador de Etiopía probablemente es Lebna Dengel Dawit I (1382-1411). Su hijo Zera Yaqob lo sucedió en el trono y su esposa se llamaba Elena. Ella se hizo conocida por una carta que envió a un rey portugués ofreciéndole ayuda para luchar contra el islam.

da y que todas las figuras sobrepuestas que no son grabadas las ha hecho Trinidad y lo demás el declarante.[10]

Preguntado que significa la bandera blanca con la Efigie de María Santísima en la mano de San Elíseo: dijo ser de nuestra Señora del Rosario de quien era defensor este Santo: advirtiendo que por olvido no se explicó antes la imagen de San Eleva[...] y cuarenta mártires que hizo Luma[...] Rey de la Arabia, el cual está a los pies del primero en situación de herido; porque regresando el Santo de sus viajes lo encontró cargado de cadenas que se había puesto el mismo, de cuya boca oyó la degollación de sus cuarenta religiosos, y entonces le quitó el propio Santo la vida con el asta de la bandera, que termina en forma de Saeta, y es amarilla con León negro y Cruz encarnada según se veía en el convento de La Habana cuando se le daba mas culto que ahora.

Lámina XLVIII

El número cuarenta y ocho demuestra el templo donde fue labrada la estatua de Júpiter Olímpico sentada: pero habiendo reflexionado Fidias que en esta actitud rompería el techo al pararse, Tideo formó otra en pie y es la tercer maravilla como indica el numero tres puesto debajo: siendo lo demás de esta pintura un adorno.

Lámina XLIX

El número cuarenta y nueve al medio en el mausoleo que mandó construir Artemisa para su Esposo, el cual es la sexta maravilla y acaba en la parte superior con un carro tirado de cuatro caballos= El resto de la pintura son las habitaciones de la isla de Carias y Templo de Venus.

10 Aunque antes Aponte dice haber trabajado solo en las pinturas del libro, aquí menciona a Trinidad Nuñez.

Lámina L

El cincuenta representa a San Mateo proveyendo de Diáconos las Indias orientales, dejando sacerdotes también, y obispo, que se ven figurados a una y otra parte con varios músicos, negros todos.

Lámina LI

El número cincuenta y uno manifiesta la China.

Lámina LII

El cincuenta y dos tiene a la izquierda a Morfeo Dios del sueño y de la muerte= Después están Proserpina Esposa de Plutón pintado mas adelante en una silla con una manzana en la mano, el águila y la muerte que son sus atributos: Sirinja= Arriba se ven los tres enemigos del alma y abajo con Proserpina también Marte= A los pies de Plutón se ve el río Leteo.

Lámina LIII

El número cincuenta y tres manifiesta las lagunas del infierno según las fábulas el canseaverio los siete vicios capitales y el robo de Proserpina por Plutón.

Lámina LIV

El cincuenta y cuatro es sobre el mismo robo.

Lámina LV

El número cincuenta y cinco habitación de Ceres la cual esta figurada mas adelante con una antorcha buscando a Proserpina= Después se demuestra con un hombre y una mujer que danzan el trigo y la espiga: y concluye con adornos de la misma pintura.

Lámina LVI
El número cincuenta y seis se representa el punto de mediodía por
Uraña Diosa de la Astrología

Lámina LVII
El cincuenta y siete Polinia Diosa de la memoria.

Lámina LVIII
El numero cincuenta y ocho Euterpe Diosa de la música: La ninfa
Endey y el Rey de Egina Earo: [...] un ángel trayendo en las manos
palmas y corona en ademán de bajar a donde esta la Diosa.

Lámina LIX
El número cincuenta y nueve Tersicora y Difiliz y un músico.

Lámina LXa
El sesenta representa Nerpomene Diosa de las batallas.

Lámina LXb
El sesenta duplicado Atalia en la comedia.

Lámina LXIa
El número sesenta y uno denota a Erato uniendo voluntades.

Lámina LXIb
El sesenta y uno duplicado representa a Clio prefiriendo la historia
al amor que Cupido pretendía siguiese.

Lámina LXII
El número sesenta y dos Caliope Diosa de la ciencia con una décima en la mano y coronándola un Ángel.

Lámina LXIII
El sesenta y tres manifiesta el monte Parnaso con las musas y los baños de Agripina.

Lámina LXIV
El sesenta y cuatro figura a Momo Dios de la murmuración bailando una muñeca mientras unas damas sirven a este Dios.

Lámina LXV
El sesenta y cinco astucias de una Dama para lograr su matrimonio.

Lámina LXVI
El sesenta y seis es continuación de lo mismo.

Lámina LXVII
El sesenta y siete la envidia con capa de amor representada en un niño a quien quitaron la vida pretestando halagarlo.

Lámina LXVIIIa
El sesenta y ocho el Monte Asperi[des] y E[rc]ules en él matando la sierpe.

Lámina LXVIIIb
El sesenta y ocho duplicado odio de la Diosa Juno contra Hércules que ahogó en la cuna dos serpientes, de donde se hizo Dios de las fieras= esta también Anfitrión y Almena madre de Hércules.

Lámina LXIX
El número sesenta y nueve es el paso donde Minerva convirtió en Araña la Doncella que hilaba en la [V]ueca.

Sigue la Pintura del templo, y en un Pliego unido danzan Apolo y Clorida al son de una flauta.

Lámina LXX

El número setenta, muerte de Priamo por Pirro al Pie del Altar=
Las Diosas Minerva, Juno y Venus y algunos otros como Ea[...]ba
esposa de P[...]a ccidentada a la entrada del Templo.

Lámina LXXI

El número setenta y uno sacrificio de Poligena sobre el sepulcro de
Aquiles el cual impide la Luna bajando.

Lámina LXXII

El número setenta y dos incendio de Troya, Eneas salvando a su
Padre, Ulises viajando a Itaca su patria: Y la sirena queriendo impedirlo con su canto; el cual evito aquel tapándose los oidos= El robo
de Elena por Paris de donde nació la guerra de Troya= La disputa
de la manzana de oro entre Juno, Venus y Minerva=

La ninfa Enone mujer de Paris, un León bajo de un vidrio figurando una puerta por donde entró el rayo del Sol al lecho de
Venus, y agraviado Marte con su amigo Electrión por haberlo con-
sentido lo convirtió en Gallo.

Preguntado sobre un medio Pliego de papel suelto donde están
dibujados cinco [eccó.] Dijo que en estos se iban a figurar los individuos que componen el Cabildo ecco con el fin de representarlos
con los demás Presentes por cuyo medio se había de dar a luz el libro hallándose evacuada aquí la explicación de todas sus pinturas
dispuso el Asesor quedase la declaración en suspenso a reserva de
continuar en los términos conveniente, exponiendo Aponte ser la
verdad y firmó con el dicho Asesor doy fe.

Licenciado Nerey José Antonio Aponte Ante mi Ramón Rodríguez

***

En el Castillo de San Carlos de la Cabaña en treinta de Marzo de
mil ochocientos doce años ante: el Licenciando Don José Maria

Nerey se hizo comparecer a José Antonio Aponte para continuar la declaración que se le está recibiendo y el reconocimiento de las Reales Cédulas nuevo libro y demás que se recogieron por decreto de veinte y siete del corriente conforme a la diligencia que le sigue a cuyo efecto se le recibió juramento según derecho bajo del cual ofreció decir verdad y le fueron hechas las preguntas siguientes.

Preguntado si la imagen de Nuestra Señora de los Remedios con adornos de papeles verde es la misma que tenía el declarante en su casa destinada para colocarse en el estandarte que iba a hacerse con las dos varas de platillas nueva que le envió Maroto con José del Carmen Peñalver, como ha manifestado en una de sus contestaciones anteriores: dijo que es la propia estampa a que se ha contraído el que absuelve.

Preguntado si las cintas que se le han puesto a la vista son también las mismas que le llevó Salvador Ternero para adornar la Imagen de Nuestra Señora cuando fuera colocada en el estandarte según ha expuesto igualmente el que contesta, dijo que son las mismas.

Preguntado cual era la empresa que lo trataba de lograr por el que declara, Pacheco, Maroto, y los otros a quienes aconsejó invocasen la protección de la Virgen para el acierto fijando en el estandarte blanco su imagen dijo: que en diversas ocasiones que concurrieron a la casa del que contesta José del Carmen Peñalver, Francisco Xavier Pacheco y Clemente Chacon principal autor de la conmoción que se intentaba:

y eran los que frecuentaban mas la indicada su casa porque Maroto fue con ellos una o dos veces: les oyó conversar sobre el proyecto de dar fuego a las habitaciones extramuros con la idea de trastornar las gentes por medio de un levantamiento a cuyas proposiciones les hizo ver el declarante las consecuencias que resultarían contra sus mismas familias, quedando oprimida y destruidas del propio modo que los demás a quienes querían perjudicar: que como insistiesen en aquel pensamiento y en formar banderas al caso, procuró el que responde impedirlo dándole el consejo del estandarte blanco y de implorar el auxilio de María Santísma persuadido a que así se evitaría la ejecución del inicuo designio supuesto que la Virgen no puede permitir lo malo: que posteriormente volvió a proponer Chacón al que contesta la continuación de su idea asegurándose que en las montañas de Monserrate, (cuyo sitio ignora) estaban cinco mil hombres dispuestos a venir en su socorro para el citado levantamiento; lo cual le había comunicado un amigo suyo por carta, y aunque el declarante se la pidió repuso Chacón que la había leído y guardado: y que los dos Generales que iban a mandar aquellas tropas, eran también sus amigos, y habían salido de aquí condenados a presidio: que viendo Chacón que por estas insinuaciones no conseguía inclinar al que contesta a su partido, le manifestó que tenía también por amigo un moreno secretario del Brigadier de la misma clase que asiste en la Casa Blanca; el cual era enviado del Rey Cristóbal Negro de la Isla de Santo Domingo, como de toda su confianza para promover el levantamiento y cuanto mas fuese necesario habiéndose impuesto Chacón de las facultades que traía, según contó este al declarante una noche que aquel durmió en su Casa; pues recogido ya y desnudo, fue a llamarlo su hijo Juan Bautista Lisundia para que viese las insignias y papeles que ocultaba el secretario debajo de la Chaqueta de marinero que vestía; como efectivamente las vió: que esta relación las hizo Chacón al que absuelve la mañana siguiente a la noche referida de haber dormido en su casa que lo condujo a la del que responde, y le instruyó de todo; añadiendo, que pues el declarante había disuadido a sus otros compañeros Peñalver, Pacheco y Maroto, con Pilar Borrego, que una sola ocasión fue a la habitación del que absuelve y lo llevó José del Carmen Peñalver diciendo que era para agregarlo a su partido: él solo, esto es, Chacón, su hijo, y el negro secretario, bastaban, pues el segundo era un León y tenia ganados veinte y dos Ingenios de la vuelta arriba, de los cuales conocía muchos por haber trabajado en ellos y que lo habían venido a buscar tres negros con quienes expuso que había también enviado al secretario y a su hijo; dejándole encargado el primero que luego que saliera para el campo fuese regando su ropa de marinero desde el muelle de caballería hasta el campo de Marte como lo practicó el mismo Chacón porque tratando de comisionar a Pacheco la diligencia no pareció este a causa de hallarse ocupado en el servicio del Rey.

Preguntado cuantas ocasiones estuvo el secretario del Brigadier de Casa Blanca en la del declarante a mas de la indicada en su anterior respuesta con quien fue, a que horas, con que fin y que materias se trataron, dijo que volvió otra vez solamente a su Casa vestido de casaca de paño azul y centro blanco, pues en la primera llevaba traje de marineros: y en esta ocasión enseñó al que contesta dos proclamas impresas y una manuscrita para que las leyese: pero el declarante no quiso imponerse de su contenido, se las devolvió prontamente y les brindó tortillas y pan: despidiéndose Chacón para ir a Casa Blanca con el secretario a tomar el permiso de los oficiales.

Reconvenido sobre el consejo que dio el declarante a Chacón, Maroto, Peñalver y Pacheco de que pusiesen la imagen en el estandarte para el acierto de la empresa; pues en sustancia era esto influir a ella y animarlos al levantamiento que ya sabía el declarante se proyectaba, y era el único designio meditado como ha expuesto, y tanto mas cuanto les inspiraba un medio poderoso en sus consejos cual era la protección de la Virgen particularmente cuando aquellos pensaban en hacer banderas, y el que absuelve le propuso que las omitiesen colocando a Nuestra Señora en el estandarte blanco; dijo que no les aconsejó invocasen a la virgen para nada malo, sino para cualquiera cosa que se ofreciese útil al profano como lo da a entender el color del insinuado estandarte, porque aunque y nunca llegó a formarse; el blanco anuncia paz: esperando siempre el que contesta, se destruiría el intento malvado por su soberano patrocinio, según ha sucedido.

Reconvenido acerca de no haber dado parte a los Jueces de tan horroroso proyecto como era de su obligación para contribuir a precaverlo en tiempo; cuando tuvo tanto en las repetidas veces que se trató en su casa el asunto; pues el silencio en esta materia lo arguye [Correo] dijo que jamás ha incurrido en la vileza de denunciar creyendo cumplía con su cooperación del efecto, aplicando el remedio de María Santísima.

Preguntado quienes eran los tres negros que Chacón le dijo haberles venido a buscar de los Ingenios, respondió que no le oyó el nombre de los negros; ni de las haciendas, y que tampoco los vio.

Preguntado a que hora fue a su Casa el secretario las dos ocasiones que ha dicho, quien lo acompañaba, y que se conversó, respondió que en ambas lo llevó Chacón entre seis y siete de la mañana; habiendo tratado solo la primera de [en]señar el declarante las proclamas, la segunda tomar tortillas y pan, anunciando Chacón iría a Casa Blanca a pedir la venia a los oficiales que estaban allí, para que marchase al campo el indicado secretario.

Preguntado como le dijo Chacón se llamaban los dos Generales amigos suyos que debían mandar los cinco mil hombres de las montañas de Monserrate contestó que sin embargo de habérselos nombrado, no los recuerda, porque miraba a estos asuntos con indiferencia.

En este estado se le pusieron de manifiesto las tres Reales Cédulas que en copia o borrador corren unidas en este expediente, y son en sustancia de un mismo tenor; para que las reconozca, y exponga si son las mismas que tenía en su casa el declarante, y se aprehendieron con el libro de Pinturas que ha explicado antes Dijo: que son las propias, y que José Domingo Escobal sargento retirado del Batallón de morenos que vive en la carpintería maestro Lanes junto a la carnicería facilitó al que absuelve una copia de esta, y otra de una donde se habla del Monte Pío de las viudas las cuales hizo transcribir el que contesta por un aprendiz suyo nombrado Agustín Santa Cruz que debe existir también en la tienda del maestro Lanes= Que como Escoval era amigo del Capitán de morenos Cristóbal de Zayas, que fue el que costeó, y ganó quince Reales Cédulas en la disputa que hubo sobre la formación del regimiento, parece haber conseguido la copia que proporcionó al que contesta: Que igualmente, ha conservado en la memoria algunas que ha oído [...] en el Batallón.

Preguntado si el cuadro con marco de ébano y vidrio que se le pone a la vista y se encontró en su casa por el presente Escribano que da fe de ser el mismo; es de su prop[riedad] explique lo que representa Dijo que es suyo y la alegoría de sus pinturas formadas y colocadas por su mano, es que la muerte lo destruye todo menos la Prudencia.

Preguntado sobre el plano en pergamino que incluye varias Islas y Costas, es suyo dando también fe Yo el Escribano, como en el anterior, y con que objeto lo conservaba. Dijo que es del declarante sin otro fin que tener cosas curiosas.

Preguntado si las ocho figuras con inscripciones en Idioma Inglés son también de la propiedad del que absuelve dijo que si.

Preguntado si los dos pliegos de papel unidos donde están pegadas varias figuras y otras sueltas es igualmente suyo Dijo que si y es el mismo de que habló en su declaración para presentar el libro de Pinturas que ha explicado al Excelentísimo Ayuntamiento cuyos miembros están figurados con el Excelentísimo Señor presidente.

Preguntado sobre dos Planos idénticos de La Habana y su Bahía que se encontraron en la casa del deponente y de que doy fe Yo el Escribano; con que idea los tiene Dijo que no ha llevado otra sino recoger curiosidades como esta, que entre las demás conservaba.

Preguntado acerca de unos Planos de Batalla que se hallaron dentro del libro forrado en hule de que doy fe Yo el Escribano Dijo que son del declarante y corresponden a uno de los cuatro tomos de ordenanza que deben existir en su casa de donde seguramente los arrancarían.

Preguntado en orden a un Cuaderno con[...] pte. de otra manuscrita qui[...] de[...] se llanas, y tres estampas pegadas una de Nuestra Señora de los Remedios otra del Señor de la Sentencia, y otra de Nuestra Señora de Guadalupe que se advirtió estaba suelta, y habiéndosele leído lo que incluye Dijo ser una Real Cédula relativa a congregaciones, hermandades y Cofradías que conserva como diputado de la de Nuestra Señora de los Remedios, por lo cual puso en el Cuaderno su Imagen, y la del Señor anexa a la propia cofradía estando guardada como podría serlo en otra parte la de Guadalupe.

Preguntado sobre una lámina con víboras cetro y corona Rotos, y otra entera llena de llamas Dijo que estaba entre sus otros papeles y se la dio en tiempo de la revolución de la Francia un hombre que ahora no recuerda.

Preguntado sobre la efigie del General Guasinton Dijo que igualmente es suya la guardaba como cualquier otra cosa curiosa.

Preguntado en orden al libro forrado en hules que incluye la figura de Enrique IV Rey de Francia; ocho estampas de ornatos de algunas Casas de España, con otras de distintas artes Palacio, de Roma, de Arquitectura Cirugía, Geometría y Escultura de que [es] de la propiedad del que contesta y tenia en su casa, dando fe yo el Escribano de ser el mismo que se recogió también a consecuencia del citado decreto donde también agregó el declarante la figura del Señor Gravina pintada toda de su mano; una estampa de ornato: que igualmente dibujó y puso colores a una figura del Rey de Prusia, otra del emperador de Rusia y el príncipe Carlos de Austria: sigue un columnario para la estatua ecuestre de Su Majestad y el retrato del Señor Don Fernando VII antes de buril: algo impreso con relación de los ornatos cuyo libro deshizo el que responde dejando los mapas: que la figura que se ve despúes casi toda recortada de países indica la confederación del Rhin mostrándose a caballo pintados por el que absuelve el emperador de Alemania y su General Laudón que asistieron a la confederación:

que el papel suelto donde [figura] un pabellón y a parte el mismo Emperador con su hijo y Bonaparte: y que concluye el libro con el Rey de Inglaterra, y entrada del Río Támesis, pegada al hule la figura de Polemarco.

También se manifestaron al declarante los países de abanicos y demás menudencias que se recogieron en su casa y dijo que todo estaba en ella con las ideas que deja expuestas en sus contestaciones anteriores.

Preguntado si es cierto mostró a Clemente Chacón tres cuadritos, uno de Cristóbal Enríquez, otro del General Salinas, y otra de un General cuyo nombre no recordó rotulados con letra de molde, como auguró el mismo Chacón en una de las respuestas de su declaración que obra en este cuaderno: añadiendo que el que absuelve le refirió habérselas remitido de la Isla de Santo Domingo dijo: que es verdad enseñó a Chacón el retrato de Cristóbal, el de Laubertú el de Salinas, y el de Juan Francisco que fue a España; morenos Franceses todos: pero ninguno estaba con marco rotulado de letra de molde: siendo falso que el declarante hubiese anunciado que se le enviaron de Santo Domingo pues la de Cristóbal y la de Juan Francisco fueron copiadas por [su] mano de otras que vió las dos restantes grabadas habiéndolas adquirido desde el tiempo de la Campaña de Ballajá entre muchas que vinieron a la Ciudad de La Habana.[11]

Reconvenido como ha explicado el plano de la Ciudad de La Habana y sus Castillos el cual se halla entre las demás pinturas del primer libro, dando a entender que fue inocente su formación cuando el mismo Clemente en otra de la respuesta de la declaración citada que se ha leído al que absuelve como la anterior afirma que el declarante lo instruyó de tener sacada una copia puntual

11 Se refiere a los líderes de la revolución haitiana, Henri Christophe, Jean Francois, Dominique Toussaint Louverture y Jean Jacques Dessalines. Algunos de estos retratos fueron copiados de otros que Aponte vio, mientras que parece que el resto fue comprado durante la campaña de Ballajá.

del referido plano con las entradas y salidas de las fortalezas para disponer con este conocimiento después de verificada la revolución y distribuir la gente en los puntos que conviniera dijo: que es falso lo que Chacón ha declarado en esta parte.

Reconvenido también a cerca de la colocación del retrato del que contesta en el libro que supone había sido sin ideas maliciosas; pues el nominado Chacón aseguró igualmente por otra de sus respuestas que se ha leído ahora al declarante, que su retrato estaba puesto allí para se supiese ser una persona grande el que absuelve; porque en el día destinado a la revolución que se proyectaba le encontrarían hecho Rey dijo que todo es falso, y lo convence así la situación del propio retrato y las pinturas que tiene al pie del banco de carpintería botes de colo[r] re[gla] tintero y compás.

Vuelto a reconvenir sobre el destino que ha manifestado se debía dar al estandarte blanco por consejo del que responde poniendo en él la imagen de Nuestra Señora de los Remedios, para el acierto de cualquiera empresa [ju]sta y arreglados pensamientos; cuando el repetido Chacón asegura en otra de sus contestaciones haberle indicado el declarante que el estandarte iba a enarbolarse en la puerta de su casa, dijo: que igualmente es falso; remitiéndose a lo que en el particular ha expuesto.

Preguntado donde existen las pinturas de Salinas, Juan Francisco, Lauvertú y Cristóbal que mostró a Chacón dijo que las quemó por haber oído generalmente (sin poder señalar persona) que eran estampas prohibidas.

En cuyo acto se suspendió la declaración dejando reservado continuarla si se estimare conveniente y firmó con el Asesor comisionado, de que doy fe.

Licenciado Nerey José Antonio Aponte Ante mi Ramón Rodríguez

***

Declaración Salvador Ternero

En el Castillo de San Carlos de la Cabaña en treinta de Marzo de mil ochocientos doce se hizo comparecer ante el Licenciado Don José María Nerey a Salvador Ternero negro libre y ladino de nación mina de estado casado y aserrador, pero en la actualidad administra una sambunvieria de su pertenencia en los Barrios extramuros donde reside y es vecino, de quien recibí juramento que lo hizo en forma de derecho, bajo del cual ofreció decir verdad y se le hicieron las preguntas siguientes.

Preguntado por la cita que le hace José Antonio Aponte en su anterior declaración, sobre que el deponente le llevó dos varas de cinta blanca y de ceda como de dos pulgadas de ancho y estampadas con motivo de advertir el mismo Aponte que para poner la Virgen de los Remedios en el estandarte blanco que se iba a hacer eran precisas las indicadas cintas dijo: que viniendo el que contesta de fuera de la muralla para la Ciudad de La Habana con objeto de comprar en la plaza una mañana encontró al maestro Aponte a la orilla de la zanja junto a la estancia de Don Ramón Anoy Vega que se retiraba para su casa extramuros según cree; y habiéndole manifestado que por olvido no había comprado dos varas de cinta de la calidad explicada arriba, encargó al declarante se las llevara de La Habana, cuyo importe lo daría inmediatamente; que en efecto practicó la diligencia y se las remitió con el maestro Melchor Chirinos, advirtiéndole recibiese de Aponte lo cinco reales que habían costado: pero reflexionando que podía extraviarse el dinero, pasó en persona el que contesta a la Casa de Aponte, el cual le mostró las cintas; aunque no le pagó por haberse retirado el declarante con Chirinos a quien halló allí a su llegada; en razón de considerar embarazaba el trato de Aponte con una negrita que iba por la calle y manifestó detener su entrada por estar presente el que responde, mucho mas habiéndola citado Aponte para la

63

vuelta: que el nominado Aponte no le comunicó el destino de las cintas ni cuando se las encargó, ni después, ni que tiempo lo haya penetrado el declarante.

Preguntado si las cintas que en este acto se le ponen presente recogidas por el Escribano de la Casa de Aponte de que doy fe; son las mismas que le compró, y remitió en fuerza de su recomendación, como ha expuesto, dijo que si, y por tales las reconoce extrañando solo una mancha de tinta que tienen al extremo.

Preguntado que día las compró dijo que no hace memoria.

Preguntado si sabe del estandarte blanco que se había de formar con dos varas de platilla nueva colocando en él a Nuestra Señora de los Remedios cuya imagen en papel adornada con otro pintado de verde como cuadro se le pone de manifiesto, y fue la que se halló también en la Casa de Aponte de que igualmente doy fe yo el Escribano: Interrogado si ha visto otra vez la misma efigie dijo que nada ha sabido en el particular del estandarte, ni por Aponte ni por otro individuo y que ahora es la primera ocasión que ve la Imagen: lo cual es la verdad en cargo del juramento prestado que es de edad de cuarenta y tres a cuarenta y cuatro años no firmó por no saber hízolo el asesor de que doy fe= entre aren[...] se le pone de manifiesto. Vale.

Licenciado Nerey Ante mi
Ramon Rodríguez

***

Melchor Chirinos

En el Castillo de San Carlos de la Cabaña en treinta de Marzo de mil ochocientos doce años ante el Licenciado Don José Maria Nerey se hizo comparecer a Melchor Chirinos chino libre de quien se recibió juramento que lo hizo en la forma dispuesta por derecho bajo el cual ofreció decir verdad y se le hicieron las preguntas siguientes.

Preguntado acerca de la cita que le hace Salvador Ternero en su declaración antecedente? dijo que es cierto haberle entregado este un papel envuelto, en la misma casa del que contesta exponiéndole que cuando fuese a la del maestro Aponte llevase aquellas cintas: que a poco rato llegó Aponte a la habitación del deponente y las tomó: que luego pasando el declarante el propio día por la casa de Aponte que fue lunes por la tarde sin recordar cual del mes, vio allí a Ternero; y preguntando este al invocado Aponte si había recibido las cintas respondió que las tenía tocándose a la faldriquera del volante y concluido esto siguió el que absuelve a cobrar el dinero del jornal de una esclava suya, con cuyo objeto había salido de su casa, y aunque Salvador le inquirió para donde iba, no se unieron los dos, dirigiéndose el declarante a su diligencia y aquel por diverso rumbo: sin que cuando le dio las cintas le hubiese hablado de dinero una palabra; ni sucedido el pasaje con la negrita a que se contrae.

Preguntado si el papel en que estaban envueltas las cintas que le entregó Ternero es el mismo que ahora se le ha puesto presente, y si son también las que ha visto dentro de él dijo que le parece ser el papel idéntico pero de las cintas no puede asegurar por que no las examino entonces.

Preguntado si tuvo noticias del destino de las cintas o conversó Salvador Ternero o Aponte con el que absuelve sobre el particular dijo que no supo la aplicación de ellas, de uno, ni otro y que tampoco lo oyó tratar después.

Preguntado si ha visto la imagen de Nuestra Señora de los Remedios con papel pintado de verde figurando cuadro: la cual estaba en casa del maestro Aponte dijo: que nunca la vio ni Santo alguno en la citada casa pues solo le mostró una ocasión el referido maestro un Rey Negro de Haití en pintura con otros Generales Lauvertú Juan Fransua y Tusen; los cuales también enseñó Aponte a Ternero: que otra vez vió pasando por la casa del primero varios negros de visita que según instruyó el mismo al que contesta eran los oficiales morenos franceses que están en Casa Blanca.

Preguntado si frecuenta la Casa del maestro Aponte, dijo que iba a ella cuando le hacia zapatos y algunas ocasiones a cuidar la madera que había comprado el declarante, y tenia guardada en la propia casa.

Preguntado si el que contesta sabe de un estandarte blanco que debía formarse con dos varas de platilla nueva colocando en él la efigie de la Virgen que acaba de reconocer, dijo que no ha comprendido lo mas mínimo en el punto que se le interroga.

***

Careo [de Chirinos] con Ternero

En este acto se hizo comparecer a Salvador Ternero para carearlo con Melchor Chirino mediante la contradicción que se advirtió en sus respectivas declaraciones a cuyo efecto se le recibió juramento que lo hicieron en la forma dispuesta por derecho y habiendo ofrecido decir verdad, se leyó a cada uno lo que respectivamente ha expuesto, y después de varias reconversiones que se hicieron acerca de la oposición indicada se mantuvo cada uno en lo que ha manifestado, por lo cual no adelantándose cosa alguna se dispuso retirar a Salvador para que continuase la declaración de Chirino.

Preguntado este si se halla instruido de un libro con diversas pinturas que se encontró en la casa del maestro Aponte, y si le expresó el objeto que había llevado en su formación dijo: que habrá cinco años que Aponte le enseñó el libro teniendo su [tien] da de Carpintería detrás del Santo Cristo; y solo le anunció que aquellos negros y Reyes pintados en él, eran de la Abisinia, y todas curiosidades suyas que conservaba sin haberle explicado otra cosa y respondido que cuanto ha dicho es la verdad bajo del juramento dicho que es natural de La Habana y vecino de los barrios extramuros que es de cincuenta y cinco años no firmó por no saber hízolo el asesor de que doy fe.

Licenciado Nerey Ante mi
Ramón Rodríguez

***

Declaración de Pilar Borrego

En el Castillo de la Cabaña en treinta y uno de Marzo de mil ochocientos doce años ante el Licenciado Don José María Nerey se condujo a Pilar Borrego natural de la Ciudad de La Habana de donde también es vecino, de estado viudo, y su ejercicio Carpintero de quien recibí Juramento que hizo en la forma dispuesta por derecho bajo del cual ofreció decir verdad y examinado por la Cita que le hace el maestro José Antonio Aponte en una de las respuestas de la declaración que evacuó el día de ayer después de haberse leído al que ha de contestar dijo: Que es falso que el que absuelve haya ido alguna ocasión a la Casa de Aponte ni solo, ni con José del Carmen Peñalver como aquel asegura, y de consiguiente deben serlo las expresiones que añade sobre agregación a su partido: Siendo la verdad lo que ha expuesto en cargo de su juramento que es de edad de veinte y cinco años se le leyó y expuso estar conforme y firmó con el asesor doy fe.

Licenciado Nerey Pilar Borrego Ante mi
Ramón Rodríguez

***

Careo de Aponte con Pilar Borrego

En el Castillo de la Cabaña en el mismo día, mes y año ante el Licenciado Don José Maria Nerey compareció el maestro José Antonio Aponte para evacuar una diligencia de Careo con Pilar Borrego en consecuencia de la oposición entre lo que este acaba de declarar

67

con relación a la cita del primero; y habiéndose recibido juramento de uno y otro y ofrecido decir verdad se les leyeron sus respectivas contestaciones dijo Aponte que hallándose una noche que no recuerda encerrado en su casa haciendo la cena tocaron a la puerta; y al abrir encontró en ella a José del Carmen Peñalver con Pilar Borrego que está presente: les brindó asiento, y entonces dirigió aquel al que responde esta palabra: Traigo al Señor refiriéndose a Borrego por que es de mi aceptación y está agregado a mi partido. A todo repuso Pilar que era absolutamente falso y jamás ha estado en la casa de Aponte de día ni de noche solo ni asociado con persona alguna que desde luego será trascuerdo de este o equivocación de otro individuo pues no hace memoria de haber pasado aún por la puerta de su casa. Y sin embargo de que se hicieron ambos mutuas reconvenciones se ratifi[ca] cada uno en lo que han declarado con lo cual se concluyó el acto que leído expusieron estar conforme y firmaron con el asesor doy fe.

Licenciado Nerey José Antonio Aponte Pilar Borrego Ante mi Ramón Rodríguez[12]

***

Clemente Chacón

En el Castillo de San Carlos de la Cabaña en treinta y uno de marzo de mi ochocientos doce años ante el Licenciado José María Nerey asesor comisionado se condujo a Clemento Chacón natural de la Ciudad de la Havana y vecino de los Barrios extramuros de estado viudo y de oficio Zapatero según expresó de quien recibí Juramento que hizo en la forma dispuesta por derecho bajo del cual ofreció decir verdad y examinado por la cita que le hace el maestro José Antonio Aponte en su declaración del día de ayer que se le leyó

---

12 Hasta aquí llega la transcripción del Legajo 12, pieza 17 publicada por José Luciano Franco. El resto de este documento es un hallazgo de Jorge Pavez Ojeda.

y corre de foxas sesenta y ocho derecha a la Setenta y uno dijo: Que son falsas todas las aserciones que comprende la respuesta de Aponte en la parte que toca al deponente: que a nadie ha convocado ni movido para los designios de que aquel ha sido único autor y director, disponiendo banderas, y el estandarte para fijarlo en la puerta de su casa como Cuartel general[13] adonde ocurriesen todos en el momento de la conmocion y que a mayor abundamiento se remite el que absuelve a quanto ha expuesto en sus anteriores declaraciones y careos con el mismo Aponte acerca de este y otros particulares del asunto por ser la verdad en fuerza del juramento que hecho tiene se le leyó y expuso estar conforme que es de edad de quarenta y quatro años y firmo con el asesor doy fe.

Licenciado Nerey Clemente Chacón Ante My Ramón Rodriguez

***

Careo de Aponte con Clemente Chacón

En el Castillo de San Carlos de la Cabaña en treinta y uno de marzo de mil ochocientos doce años ante el Licenciado Don José María Nerey se hizo comparecer al maestro José Antonio Aponte y Clemente Chacón a efecto de verificarse cierta [...] de careo, y habiendoseles recibido Juramento y ofrecido decir verdad se les leyeron sus declaraciones respectivas por la contrariedad que se nota entre las del primero al reverso de foxa sesenta y ocho a la setenta y uno contestaciones de la setenta y seis hasta la setenta y ocho, y las del segundo del folio trece y su [...] al [...] del quince, y del diez y seis: las cuales oidas por cada uno dijeron Que no retractan un punto de lo que tienen manifestado en los lugares que acaban de leerseles de que quedan bastantemente intruidos, agregando Aponte de que deja a la Consideracion del Juez graduar de parte de quien esta, la falsedad Y no obstante que se recombinieron reciprocamente

---

13 Los subrayados son del manuscrito original.

acerca de todas y cada una de sus respuestas nada se adelanto afirmando de nuevo uno y otro lo que en ellas se contiene por ser la verdad según aseguraron en virtud del Juramento prestado, y habiendoseles leído expusieron estar conforme y firmaron con el asesor doy fe Licenciado José Maria Nerey José Antonio Aponte Clemente Chacón Ante my Ramon Rodriguez

Careo de Aponte con Melchor Chirinos

En el Castillo de San Carlos de la Cabaña en treinta y uno de marzo de mi ochocientos doce ante el Licenciado Don José María Nerey se condujo al maestro José Antonio Aponte de la naturalidad, vecindario, citado, y edad que consta en sus antecedentes deposiciones de quien yo el Escribano recibi juramento que hizo conforme a derecho de cuyo cargo ofreció decir verdad, y preguntado por la Cita que le hace Melchor Chirino a foxas ochenta y dos sobre haberle manifestado el que contesta las pinturas de un Rey otros Generales Negros; viendo igualmente de visita en cierta ocasión varios de ese color en la Casa del deponente, quien le instruyó ser los oficiales morenos franceses que estaban en Casa Blanca dijo: Que es positivo mostró a Chirinos las indicadas figuras de Rey y Generales pero es falso hubiese visto en su habitacion los Oficiales de Casa Blanca los cuales no conoce el que responde pues solo vio a Juan Fransua según le llaman, cuyo nombre hasta ahora ignoraba en las dos ocasiones que lo llevó Clemente Chacón: y mucho mas falso que el declarante intruyese a Chirinos de que la visita que supone eran los referidos oficiales que Jamás ha visto.

Chirinos

En este acto se hizo comparecer a Melchor Chirinos para carearlo con Aponte acerca de la oposicion que resulta entre lo que ha declarado [Aponte] (cuya naturalidad y demas consta en el proceso)

ha expuesto el dia de ayer en orden a la visita que advirtio en la casa de Aponte de varios negros que como este le informó eran los oficiales franceses de Casablanca y recibido Juramento de Chirinos en la forma dispuesta bajo del cual prometió decir verdad ofreciendo lo mismo Aponte por el que tiene prestado al principio se leyeron a cada uno sus contestaciones y despues de recombenirse mutuamente sobre el particular se sostubieron cada uno en la que han declarado ratificandose de nuevo, sin variar cosa alguna y que es la verdad en cargo de su Juramento se le leyó y expusieron estar conformes y firmo el que supo con el asesor doy fe - Seis que ha declarado = no vale Licenciado Nerey José Antonio Aponte Ante my Ramon Rodriguez

***

Careo de Aponte con Salvador Ternero

En el Castillo de San Carlos de la Cabaña en treinta y uno de Marzo de mil ochocientos doce años ante el Licenciado Don José Maria Nerey comparecieron el maestro José Antonio Aponte y Salvador Ternero a efectos de carearlos por la diferencia que se advierte en la parte de la declaracion del primero que comienza a derecha de foxas diez y nueve sobre [cinta] y la respuesta del Segundo que da al principio al reverso de la setenta y ocho en que tambien combiene de alguna manera, lo expuesto por Melchor Chirinos al folio ochenta y uno, y habiendoseles recibido Juramento que hicieron conforme a derecho ofreciendo decir verdad se les leyeron sus citadas contestaciones las quales oidas y entendidas perfectamente expusieron, Aponte que Salvador Ternero le llevó a su casa personalmente las cintas que le encargó recibiéndolas de su misma mano: y Ternero que es falso pues se las remitió a Aponte con el maestro Chirinos. Se hicieron ambos recombenciones sobre este punto y se ratificaron en lo que respectivamente han declarado por ser la verdad.

En este estado fue conducido Melchor Chirinos para igual diligencia de careo con motivo de haber asegurado en su declaracion del dia de ayer que entrego a Aponte el papel con las Cintas en la casa de este; quiere decir de Chirinos, lo cual niega aquel, y prestando el Juramento en la forma expuesta por derecho se leyeron las contestaciones respectivas a los tres; y afirmaron y ratificaron cada uno lo que tienen declarado con relacion al particular en la entrega de las Cintas sin variacion alguna con lo que al se concluyó la diligencia la que les fue leida y espusieron estar conformes y firmó el que supo con el asesor doy fe - testigo Ambrosio no vale Licenciado Nerey Jose Antonio Aponte Ante my Ramon Rodriguez

* * *

José Domingo Befarano y Escobar

En la Ciudad de la Havana en primero de Abril de mil ochocientos doce años en el Estado del el Licenciado Jose María Nerey se hizo comparecer a José Domingo Belarano y Escovar moreno libre natural y vecino de esta Ciudad de estado Viudo y su oficio Carpintero. Cabo segundo del Batallon de los de su clase de quien recibi Juramento que hizo en la forma dispuesta por derecho bajo del qual ofreció decir verdad y le fueron echas las preguntas siguientes.

Interrogado si conoce al moreno José Antonio Aponte, si tiene con el amistad estrecha, y que tiempo hace de uno, y otro, dijo: Que lo conoce desde que era aprendiz, habiendo trabajado despues con el declarante en las obras de Casablanca que habrá como dice y decía que de cuyos antecedentes [...na] la amistad que ha llebado con Aponte que nunca ha sido intimo; y que hace dias que no lo vé desde que habitaba a espaldas del Santo Cristo.

Preguntado si el que contesta le ha facilitado algunas Reales Cedulas relativas al Batallon de morenos privilegios de sus oficiales

72

y demás asuntos del Servicio militar dijo: Que jamás ha dado el que absuelve semejantes Cedulas à Aponte, ni de otra [...] pues no teniendolas, jamás podria proporcionarselas.

Preguntado por la cita que Aponte le hace a foxas setenta y tres, la cual se le leyó, e igualmente las tres Copias de Reales Cedulas que empiezan à la cinco; y habiendolas oido y comprendido bastantemente dijo: Que es falso hubiese comunicado el que responde las Cedulas que Aponte asegura: pero recuerda que ahora diez y ocho, o veinte a[ños] oyó leer al Capitan Cristoval de Sayas ya difunto Reales Cedulas en copia del mismo tenor que las que en este acto se le han manifestado: que no eran quince las que oyó sino dos o tres; y que una de ellas disponia tambien el [...] que disfrutaba el oficial el tiempo de su retiro, aunque con un Grado más: Siendo lo unico que le consta en el particular y la verdad bajo del juramento que se le leyó y expuso estar conforme, que es de edad de sesenta y nueve años, y firmó con el asesor Licenciado Nerey José Domingo Befaran y Escobar Ante my Ramon Rodríguez

**

Agustín Sta. Cruz

En la Ciudad de la Havana en el mismo dia mes y año ante el Licenciado D. José Maria Nerey compareció Agustin Santa Cruz moreno libre natural de esta dicha Ciudad, donde tambien es vecino de estado Soltero, y aprendiz de Carpintería de quien recibí Juramento el qual hizo en la forma dispuesta por derecho bajo del qual ofreció decir verdad, y se le hicieron las interrogaciones que siguen.

Preguntado si conoce al maestro Jose Antonio Aponte, desde cuando y con que motivo? dijo que habrá de cinco a seis años que lo conoció por haberlo puesto a ofi[...] con el referido maestro Su madrina [H]amiela Santa Cruz; y despues pasó a la tienda del maestro Nicolas Larré donde ahora existe: permaneciendo quatro años en aprendizage con Aponte.

Preguntado si save escribir, dijo: que si aunque nó bien.

Preguntado si en el tiempo que estubo con el maestro Aponte solía escribir el declarante algunas cosas a este, y quales eran dijo: Que como salió de la Escuela para ir a la tienda de Aponte, dispuso su nombrada madrina, se perfecciónase en leer y escribir, con el mismo maestro; lo cual practicó el que [consulta] por espacio de dos a tres meses y al cabo de ellos se dedicó solamente a aprender el oficio de carpintero: y que lo qual acostumbraba a escribir eran planos por muestras que le ponia Aponte.

Preguntado que muestras eran estas dijo: que las que el maestro sacaba de los libros.

Preguntado si la letra de algunas de las tres copias de borradores de Reales Cedulas que obran de foxas cinco a la diez es del que responde dijo: Que las quatro primeras foxas eran escritas de mano del declarante.

Preguntado con que motivo las escrivió díjo: Que por habérselas mandado formar el maestro Aponte en clase de planos.

Preguntado si el lugar de donde las copió era impreso ò manuscrito dijo: Que no hace memoria.

Preguntado si Aponte le indicó el objeto con que mandaba a copiarlas dijo Que nó.

Preguntado por la cita del maestro Aponte a foxas setenta y tres con relacion al que absuelve dijo: que es cierta en los terminos que ha expuesto.

Preguntado despues de habersele leido una de las Copias de su puño si recuerda su contesto dijo Que nò: y que todo lo que ha declarado es la verdad bajo del Juramento hecho se le leyó y expuso estar conforme que es de edad de diez y siete y firmo con el asesor doy fe Licenciado Nerey Agustin Santacruz

Ante my Ramon Rodriguez

***

Jose Trínídad Nunes

En el Castillo de San Carlos de la Cabaña en el [primero] de Abril de mil ochocientos doce años ante el Licenciado José Maria Nerey [com]pareció José Trinidad Nuñes moreno libre natural y vecino de la Ciudad de La Habana de estado Soltero y su ejercicio pintor, de quien recibí juramento que hiso en la forma dispuesta por derecho bajo del qual ofreció decir verdad, y examinado por la cita que le hace José Antonio Aponte a foxas setenta y tres y demas que se tubo por combeniente; habiendosele leido la indicada cita dijo: ser cierto haber pintado por encargo de el maestro Aponte las Imágenes de los Santos que se hayan en el número cuarenta y seis del Libro que se le ha puesto presente sacadas del de San Antonio Abad la que está en el medio asi a la parte inferior de un obispo negro y otros Eclesiásticos y Seculares que le acompañan; y las demas Efigies de Santos que no son de [buril], las hizo tambien el declarante por el Libro del Padre Fr. Luis Yrreta del orden Domínico [n...] de Balencia: que todas las formaba en su tienda junto al Santo Cristo; donde ocurria el mismo maestro Aponte a buscarlas y las llevaba: Que el libro del Padre Yrreta lo tiene la morena Catalina Gavilan en la Villa de Guanabacoa: que el de San Antonio Abad lo conserva el que responde, y se lo dio un Catalan que murió hace muchos años cuyo nombre ignoraba el declarante.

Preguntado sobre el número treinta y siete dijo: Que [...]lo pintó de el los tres Santos de la derecha Tomas, Jorge y Marcos.

Preguntado acerca del veinte y nueve dijo: Que solo es de su mano la pintura de Juan de Baltazar Cavallero del Orden de San Antonio Abad que a [...] [Balencia] y está señalando [unos] Libros los cuales no [...] el que contesta ni otra alguna de las figuras que contiene.

Preguntado sobre el numero diez y siete dijo: Que solo pintó el Clerigo moreno que esta con un libro en la mano.

Preguntado en orden a los numeros seis y siete dijo: que nó ha pintado el declarante cosa alguna de ellos, ni sabe quién lo hizo.

Preguntado que tiempo había que Aponte mandó pintar el que contesta los Santos, y con que idea, dijo: Que ahora ocho años viviendo el nominado Aponte en las Cañas bravas detrás del Santo Cristo le encargaba las Pinturas con[...motivo] de ser deboto de aquellos [san]tos según anunció entonces el mismo maestro al que responde.

Preguntado si los Libros de San Antonio Abad y del Padre Yrreta por los quales asegura haber formado las imágenes tienen alguna estampa de ella dijo que no la tienen y solo se gobernaba por la explicacion de ambas obras.

Preguntado si Aponte ha echo encargo al declarante de algunas [otras] pinturas antes ó despues de lo que acaba de reconocer dijo: que nó: Y que lo expuesto es la verdad en cargo de su Juramento se le leyó y expusó estar conforme que es de edad de treinta y cuatro años y firmó con el asesor doy fe Licenciado Nerey Jose Trinidad Ñuñes Ante my Ramon Rodríguez

Nota: Que al tiempo de firmar el testigo, echó el borrón que aparece arriba y para su conocimiento se pone la presente.

Fecha ut supra.

Rodríguez

***

Careo entre Jose Antonio Aponte y Jose Domingo Escobar

En el Castillo de San Carlos de la Cabaña en primero de Abril de mil ochocientos doce años comparecieron ante el Licenciado D. José Maria Nerey el maestro José Antonio Aponte y Jose Domingo Escovar moreno libre Cavo Derivado del Batallon de su clase a carearse en [fuerza] [impuesto] de la contrariedad que se advierte entre la respuesta del primero foxas setenta y tres y lo que el segundo ha declarado con presencia de aquella sobre las Reales Cedulas que obran en copia de foxas cinco hasta la diez: y habiendoseles recibido juramento que hicieron conforme a derecho y ofrecido decir verdad se leyeron los dos lugares [...] [se adelanta] [...] de varios [...] Aponte á Escobar repitió este ser falso haber dado copia alguna de Reales Cedulas como que nunca las ha tenido. Solo oyó leer al Capitan Zayas dos o tres, como ha expuesto en su declaración. Aponte se mantuvo constante en lo que ha manifestado, con relacion a las colocadas al folio cinco, que se las facilito Escovar, esto es, una copia de donde las sacó. Ratificando cada uno lo que ha dicho bajo juramento que ser la verdad se les leyó y espusieron estar conforme, que sus edades consta en las declaraciones que han manifestado.

Licenciado Nerey Jose Antonio Aponte Ante my Ramon Rodríguez

Nota: que el trabajo de esta pieza fue mui cercano [hantes] en las oras anoche. Doy fe.

Biblioteca apontiana incautada en el primer allanamiento

«Uno en pasta de mucho lujo que se titula descripción de Historia Natural»[14]

«Arte Nebrija»

«Guía de Forasteros de la Isla de Cuba»[15]

«Maravillas de la Ciudad de Roma»[16]

«Estado Militar de España»[17]

«Sucesos Memorables del Mundo»[18]

«Historia del Conde Saxe»[19]

14 Parra, Antonio 1787. *Descripción de diferentes piezas de historia natural las mas del ramo marítimo, representadas en setenta y cinco láminas.* La Habana: Imprenta de la Capitanía general. Barcelona, Linkgua, 2025.
15 *Guía de Forasteros de la Isla de Cuba.* La primera edición de 1781 incluye como apéndice «Idea geográfica, histórica y política de la Isla de Cuba» por Fray José María Peñalver. También hay ediciones en 1793, 1794, 1796, 1804, 1807, 1808, 1810, 1811.
16 Díaz Vara Calderón, Gabriel 1678. *Grandezas y maravillas de la inclyta y sancta ciudad de Roma.* Madrid: José Fernández de Buendía, 705 pág., in-4to.
17 *Estado Militar de España.* Madrid: Imprenta Real, 1805. La primera edición es de 1798.
18 Como adelantamos más arriba, ésta es la traducción de la obra de Sieur de Royaumond Prieur de Sombreval 1673. *L'histoire du vieux et du nouveau testament, avec des explications édifiantes, tirées des Saints Peres pour régler les moeurs dans toute fortes de conditions.* París: Pierre Le Petit. 576 págs. Aún no se conoce con exactitud quién es el verdadero autor de esta obra: Nicolas Fontaine ou Le Maistre de Sacy. La obra fue traducida al castellano y varias veces publicada en el siglo XVIII, con estos diferentes nombres de autor.
19 Saxe (Conde de) 1754 — *Historia de Mauricio, conde de Saxe, mariscal de los campos y ejercitos de S.M. Cristianisima.* San Sebastián, 2 vols.

«Catecismo de la Doctrina Cristiana»

«Vida del Sabio Hisopo»

«Tomo tercero de Don Quijote»

«El libro de la vida de San Antonio Abad»

«El Libro del Padre Fr. Luis Yrreta del orden Domínico de Balencia»

in-8vo. Ésta es una traducción de la versión original en francés publicada dos años antes: Louis-Baltasar Néel 1752 — *Histoire de Maurice comte de Saxe, mare'chal general des armé'es de sa majéste' tres chretienne, duc elu de Curlande & de Semigalle, Chevalier des Ordres de Pologne et de Saxe. Contenant toutes les particularités de sa vie, depuis sa naissance jusqu'à sa mort; avec plusieurs Anecdotes curieuses et intéressantes, enrichie des Plans des Batailles de Fontenoy & de Laweldt.* 3 tomos. Mittaw. (I: 407 pág.). El primer tomo va desde el nacimiento del Mariscal (1696) hasta 1741, los dos que siguen desde 1741 hasta 1750 (año de su muerte).

Materiales gráficos y otros textos incautados en el segundo allanamiento:

Se incluye aquí una lista de los elementos que son incautados en la casa de Aponte, en un segundo allanamiento, luego del primero en el que se requisa el Libro de Pinturas.[20] Se trata de:

— las copias de tres Reales Cédulas,

— una imagen de Nuestra Señora de los Remedios «con adornos de papeles verde»,

— un cuadro con marco de ébano y vidrio, que contiene una «alegoría de sus pinturas formadas y colocadas por su mano, es que la muerte lo destruye todo menos la Prudencia»,

— un «plano en pergamino» «que incluye varias Islas y Costas»,

— ocho figuras con inscripciones «en Idioma Inglés»,

— dos pliegos de papel unidos donde están pegadas varias figuras y otras sueltas

— dos Planos idénticos de La Habana y su Bahía,

— «unos Planos de Batalla que se hallaron dentro del libro forrado en hule y corresponden a uno de los cuatro tomos de ordenanza que deben existir en su casa de donde seguramente los arrancarían»,

— un «Cuaderno con[...] pte. de otra manuscrita»,

— «tres estampas pegadas una de Nuestra Señora de los Remedios otra del Señor de la Sentencia, y otra de Nuestra Señora de Guadalupe»,

— «una Real Cédula relativa a congregaciones, hermandades y Cofradías que conserva como diputado de la de Nuestra Señora de los Remedios, por lo cual puso en el Cuaderno su Imagen, y la del Señor anexa a la propia cofradía estando guardada como podría serlo en otra parte la de Guadalupe»,

— «una lámina con víboras cetro y corona Rotos, y otra entera llena de llamas estaba entre sus otros papeles y se la dio en tiempo de la revolución de la Francia un hombre que ahora no recuerda»,

— una efigie del General Washington.

Al requerírsele explicaciones sobre la posesión de tales imágenes y objetos, Aponte respondió invariablemente que las guardaba «sin

20 Agradecemos a Jorge Pavez Ojeda la inclusión de estos anexos.

otro fin que tener cosas curiosas». Finalmente, hay que destacar que se encontró otro libro, que su autor identificó como «Libro de arquitectura». Este estaba «forrado en hule todo negro» y «contiene diferentes figuras de buril y mano del declarante». Según la descripción de los jueces, este libro incluye:

— la figura de Enrique IV Rey de Francia,

— «ocho estampas de ornatos de algunas Casas de España, con otras de distintas artes Palacio, de Roma, de Arquitectura Cirugía, Geometría y Escultura»,

— la figura del Señor Gravina pintada toda de su mano;

— una estampa de ornato: que igualmente dibujó y puso colores a una figura del Rey de Prusia, otra del emperador de Rusia y el príncipe Carlos de Austria,

— un columnario para la estatua ecuestre de Su Majestad y el retrato del Señor Don Fernando VII antes de buril,

— algo impreso con relación de los ornatos cuyo libro deshizo el que responde dejando los mapas:

— una figura casi toda recortada de países que indica la confederación del Rhin mostrándose a caballo pintados por el que absuelve el emperador de Alemania y su General Laudón que asistieron a la confederación:

— un papel suelto donde figura un pabellón y a parte el mismo Emperador con su hijo y Bonaparte:

— concluye el libro con: «el Rey de Inglaterra, y entrada del Río Támesis, pegada al hule la figura de Polemarco.»

Documentos de la causa por conspiración contra León Monzón y otros, 1839. Archivo Nacional de Cuba, Fondo Comisión Militar, Legajo 23, Número 1 [229 fojas]

Plaza de La Habana. Año de 1839
Criminales
[sello: CLASIFICADO]
Contra los morenos Cap. Leon Monzon, Subtes. José del Monte del Pino, Pilar Borrego y Ambrosio Noriega, Sargto. José Florencio Daván, José Andrade, José Felipe Cabrera, Agustin Toledo, Margarito Blanco, Tomás Peñalver, Eusebio de Mora, Serapio Villa, Gabriel Rodriguez Padrón, Regino Abad, Bartolomé Villena, Mateo Abrantes, José Nemesio Jaramillo y los profugs. Franco. Valdés Noyares y Franco. Vatoivia, acusados de haberse reunido clandestinamente con el fin de trastornar el orden publico.

1ra pieza.

Juez Fiscal el Capitán Don José Anillo y Rico.
Secretario El Teniente Don Pedro Salazar
Juan de Mendoza y montoya, Abogado de los Tribunales del Reyno, Escribano de Camara de la Real Audiencia Pretorial y del Real Acuerdo
Certifico: Que habiendose dado cuenta á la Real Audiencia Pretorial con los autos criminales formados para averiguar el origen de varias reuniones de gente de color, se proveyo pr. S.A. el auto que sigue = Vistos hagase como lo dice el señor Fiscal. Asi lo proveyeron y rubricaron los Señores del Margen de La Habana á veinte y tres de setiembre de mil ochocientos treinta y nueve = Sres. = Alas = Zarco = PAz = Juan de Mendoza = Y el dictamen del señor Fiscal es como sigue = Al P.S. = El Fiscal dice: Que se formo esta causa con motivo de ciertas reuniones clandestinas de gente de color, qe. oportunamente fueron descubiertas y cuya naturaleza y circunstancias se atenuaron con marcado empeño pr. el inferior con grave detrimento de la vin-

dicta publica y acaso de la tranquilidad sucesiva de laa Isla = Con apariencias à la verdad ridiculas se presentan estas clases de sociedades. Los nombres y titulos qe. sus miembros adoptan, los signos de reciproca inteliga. y el aparato de sus funciones no suelen revelar el verdadero objeto de la reunion qe. siempre se disfrasa de mil maneras y parece dirigirse à fines beneficos. La sociedad de negrofilos qe. existia en Francia antes del año de mil setecientos noventa y uno estendió asociaciones de esa especie à la vecina Isla de Sto. Domingo y alli se vieron constituidos con todas las muestras del ridiculo propio de Africanos incultos. Sin embargo de eso, los qe. despreciaban aquellas apariencias fueron bien pronto victimas de su candorosa confianza y esperimentaron à gran costo los efectos de una conmocion qe. perdio pa. el resto del mundo una de sus Islas mas feraces y de mayor importancia. ¿Hay acaso alguna asociacion clandestina qe. no ocurra à hablar à la imaginacion de sus individuos con denominaciones y aluciones misteriosas y aun ridiculas. - V.A. conoce muy bien la fuerza de esta indicacion sin necesidad de entrar en ejemplares y detalladas esplicaciones = Un caudillo de las reuniones objeto de este procedimiento, Margarito Blanco se denominaba Ocongo de Ultan, ó lo qe. es lo mismo Jefe de Ultan, y estendia papeletas de invitacion pa. presidir las cabezas (fojas dos, cuatro y seis) En el papel de fojas cuarenta y dos se habla de deguello de cierta canalla pr. mandado de la Sublime Puerta Otomana el figurado diploma de fojas cuarenta y uno aparece fechado en la Nueva Constantinopla y tiene pr. [lema], hijo del Sol habitante de la Luna y Academia de Ntra. Sra. de los Dolores. El papel de fojas cincuenta y nuno, dirigido á los habitantes de la Luna, hijos del Sol convoca à los de cierto vando pa. la concurrencia à unos funerales y el diploma de fojas ochenta y uno espedido pr. quien dice llamarse D.Enrique de Rodufo concede à Dn. Bernabe de Pinillos y Ovando el anillo de distincion de la real orn. de Ma. Sacramto. de Oga. El papel de fojas ochenta y tres uno de los sorprendidos al capitan de morenos Leon Monzon y que encabesa con la palabra Dinamarca inserta el articulo cuarenta y seis qe. parece sacado de un reglamento y dice asi. "Son Dinamarqueses todos los hombres libres, reengendrados, admitidos, asentados, igualados en el fondo à todos los demas individuos de la Academia y

84

constituidos en la observancia, amor, y respeto y agilidad y los hijos de estos luego que adquieran en la misma academia estos principios" Habla el reglamto. de hombres libres reengendrados, y V.A. conoce demasiado el punto donde van dirigidas estas aluciones en la raza Africana. Se sigue a dicho papel una gran lista de individuos que no costaria trabajo creer que pudiesen ser algunos de los Dinamarqueses ò de los negros reengendrados por la libertad = Si en la capital figuraban el Ocongo ò Jefe de Ultan, la Sublime Puerta Otomana, la Academia de Ntra. Sra. de los Dolores, compuesta de los hijos del Sol habitantes de la Luna y la Sociedad Dinamarquesa donde solo entraban negros reengendrados aparece en Guantánamo una sociedad de Señores y Señoras del Comercio, cuya ecsistencia revelan los fragmentos de cartas aprendidas en casa del capitan Monzon; y sirvase V.E. no perder de vista qe. el Puerto de Guantánamo se halla à barlovento de Cuba inmediato y frente à la Isla de Santo Domingo. = En el fragmento agregado à fojas ciento quince buelta se dan gracias al cielo, por haberlo iluminado y destruido la oscuridad en que perseveraban pr. tantos años y se habla de la apertura è instalacion del codigo de señores y señoras del Ilustre Comercio de Guantánamo. En el de fojas ciento treinta y cuatro se contesta sobre una objecion relativa à si la corporacion debiera ò no conceder facultades legislativas al individuo à quien se escribe, siendo asi qe. ya las posee y se quiere presindir de tales disenciones para otra oportunidad, por ser la tardansa sumamte. perjudicial. Todos estos fragmentos aparecen de la misma letra del consignado à fojas ciento doce firmado pr. B. de Pinillos y Obando qe. puede ser el mismo à quien D. Enrique de Rodufo en atencion à sus meritos y servicios concedio el anillo de distincion de la Real Orden del Ma.

Sacramento de Oga. El inferior omitio la confrontacion de tales fragmentos y no se tomó el trabajo ni aun de solicitar à Dn. Bernabe de Pinillos y Ovando ni a otras personas qe. en èllos se espresan y qe. oportunamente interrogados habrian tal vez despejado la incognita que se quiso descubrir = Otras muchas observaciones sugiere la simple lectura de este desgraciado proceso que omitirá el q. suscribe pr. no cansar la atencion de V.A. en el reconocimiento de todos y cada uno de los fragmentos de papeles tomados al capitan Monzon; pero no dejará de hacer mencion de las circunstancias qe. acompañaron à su aprencion, por ser ellas curiosas y muy dignas de tenerse presente =

Cuando los Tenientes del Barrio de Jesus Maria Dn. Aniceto de Sola y Dn. Fulgencio Valdes Alvares fueron à aprender al referido capitan (hombre que por su graduacion y circunstancias no es presumible qe. se entregase sin marcado y trascendental objeto à esas reuniones, salia del lugar comun todo in[mutado] y dando ordenes à su muger è hijas pa. qe. echasen agua lo que hiso creer à los aprensores qe. alli acababa de arrojar algun legajo de papeles para sustraherlos por este medio de la pesquisa. Se procedio en seguida al registro de los cuartos y habiendose evadido Monzon en direccion al mismo lugar, à caso à hechar en èl, nuevos papeles ó á inutilizar los anteriores fue seguido por los tenientes y entonces se hinco en tono humilde y espresivo suplicando qe. no le perdiesen, mostrandoles para conmoverlos a su familia y estorvaando las pesquizas por cuantos medios estaban à su alcance. Ni se interrogó a Monzon sobre todas estas circunstancias, ni al teniente de Caballeria D. Mateo José Gonzales y alo de Infantería D. Jose de Vega que acompañaron en el registro à los Tenientes de Jesus Ma. segun aparece de la nota estendida al reverso de fojas doscientas veinte y nueve, ni se hiso lo qe. debio hacerse para la recoleccion prolija de papeles.

Se malogro la mejor oportunidad que era la del aturdimiento de los reos sobrerecogidos con la sorpresa, se dió lugar à la confabulacion y acaso dejo de ponerse en completa evidencia alguna trama de gran concideracion. = El promotor Fiscal por su parte se apresuró à pedir el sobreseimiento y el Juez al dictarle impuso à los reos pr. vía de correccion un mes de càrcel con el mas serio apercibimiento si en lo sucesivo diesen lugar à sospecha, condenandolos de mancomun el insolidum en las costas por el justo motivo de proceder, y sin perjuicio de lo que respecto al capitan Monzon y Subte. Monte del Pino tubiese a bien disponer el Ecsmo. Sor. Capitan gral.à quien se manda remitir el correspondte. oficio con testimonio de sus respectivas declaraciones instructivas y de la determinacio.= He aqui lo que se pone en conocimto. del gobernador Capitan gral. sin esperar siquiera la resolucion de V.A.; unas declaraciones truncas y mal recividas y un auto proveido en estado sumario que sirve mas bien pa. dar animo à los reos que para corregir sus tendencias perniciosas. Por tales antecendentes no podrá venir nadie en conocimiento del verdadero significado de esta causa ni la primera autoridad gubernativa adoptar las medidas oportunas pa. mantener la tranquilidad y el orden. V.A. se halla en la necesidad de estender su vista à todos estos objetos y pa. ello indicara el que suscribe la providencia qe. à juicio suyo deba dictarse = Si esta causa se viese como se ha visto en el inferior por la corteza tosca y sin internarse en sus circunstancias, todavía se hallan justificadas reuniones clandestinas de gente de color qe. constituyen por si solas y con total abstraccion de la denominacion y objeto un delito grave qe. asignadas sus penas. Aun en ese caso el proceso habria de devolverse à lo inferior pa. que le sustanciase, determinase y consultase, por qe. no son esa clase de delitos del numero de aquellos qe. pueden estimarse corregidos en providencia. En aquella hipotesis el capitan Leon Monzon y Subte. Monte del Pino habrian de seguir pr. necesidad la suerte de los demas reos y hasta en esto se faltó en la providencia consultada. Pero teniendo las reuniones en cuestion la tendencia qe. V.A.

acaba de oir, pudiendo ellas conmover por sus cimientos la tranquilidad y el [orn] como sucedió en la isla vecina qe. deviera servir de perenne egemplar à cuantos habitan este suelo, halla el ministerio algo mas qe. reuniones sin objeto; ve connatos de conspiracion manifestados con obras positivas y con la admicion de procelitos:

vé un delito de infidencia, y su conocimiento compete sin duda à la comision militar egecutiva permanente de esta plaza: Estima por lo mismo que se pongan à disposicion de dicha comicion, los reos, el proceso, y los papeles archivados, remitiendose por conducto del Ecsmo. Señor

Capitan general con la certificacion correspondiente, y librandose otra con insercion de este dictamen (en caso de merecer la aprovacion de V.A.) al Ecsmo. Señor Gobernador presidente pa. qe. impuesto de las circunstancias de la causa adopte las medidas qe. estime mas oportunas en el orden de policia, todo sin perjuicio de las demostraciones que V.A. concidere necesarias. habana y setiembre veinte de mil ochocientos treinta y nueve =

Otro si = V.A. ha conocido la preferencia de la presente causa y cree pr. lo mismo inutil el ministerio empeñarse en recomendarla. Su estado y circunstancias motivan la vista à puerta serrada, ó lo qe. V.A. estime mas oportuno. Fecha ut supra = Olañeta = Y en cumplimiento de lo mandado pongo la presente en La Habana al veinte y cuatro de Setiembre de mil ochocientos treinta y nueve.-

Juan de Mendoza -»

Habana Julio 12 de 1839
N 532, n20
Sumario Sobre reuniones de gente de color
Jues El Escmo. Sor. Gobernador politico
Asesor El Sor. primero de Gobierno
Escribo.
D.Juan de Entralgo
Presos
Tomas Peñalver 23 años Eusevio Mora 21
Serapio Villarte 19
Gabriel Rodriguez Padron 17
Regino Abad 18
Bartolome Villena 17
Mateo Abrahantes 18
Margarito Blanco 25
Jose Andrade 34
Jose Felipe Cabrera 58
Leon Monzon 54
Jose Demerio Jaramillo 31
Jose del Monte del Pino 43
Agustin Toledo 38

«Papeles aprendidos a los 7 negros qe. espresa el anterior oficio»
[2, 4, 6 / f.12-17. esquelas del Ocongo de Ultan.]

«Suplica El oconGodeultan que oi dia dies enla Noche presidan lascabesa que sera faborquemeresere Arreiglado aloque emos Ablado Año de 1839

Margarito Blanco [sigue firma anaforuana]
[dirigido a:]
Ocongo deoba Nes ESP»

«Suplica El ocongodeultan que oi
queoidiadie entaNoche presidan las cabesa que sera fabo quellomeresere AReiglado aloque emosa Blado Año de 1839
Margarito Blanco [sigue firma anaforuana]
[dirigido a:]
Ocongo de Efo ESP»

«Suplica Elocongodeultan queoidiadies enla Noche presidan las cabezaque serafabor quellomerese re AReiglado aloque emo Ablado Año de 1839
MArgarito Blanco [sigue firma anaforuana]
[dirigido a:]
Ocongo deororo»

Papeles cogidos a Margarito Blanco [aunque el acusado señala que no sabe escribir y que solicitaba a Francisco que le hiciera las cartas y documentos, lo que Francisco confirma]

«Bacondo de Obani
Participo á bacondo de oytun como a fallecido el padre de ocoboro de la nacion obani y participo como de yora efo ecue y para su conocimiento le paso esto por la vista Habana y Julio 4 de 1839 [con firma anaforuana]»

Papeles cogidos a José Inocencia Andrade

«Persia y Mo. 8 de 1839
Sob. Sor.

Con fecha del 7 del pte. mes ha llegado a mi noticia el aber mata-
do, de un balazo ael qe. se nombra principe Regente de la Turquia
por aberse disfrasado y aberse introducido en los dominios de Persia
donde arrezultado qe. el indicado Comandte. de Marina abiendo
desconocido tal persona R.L; lo llamó pa.

penetrarze de la Cauza oporqe. abia entrado endicho territorio sin
el conocimiento de su Sob. de donde rrezulto qe. abiendole echo esa
pregunta en indicado se preparo pa. batirse con dicho comandte. al
mismo tiempo metio mano aun par de pistola qe. portaba disparan-
dola à la par donde izo y dio muerte al mencionado principe Regente
es lo que manifiesto pa. qe. a noticia de todos los dominios alas
guarde à V.M.; M.A.

yo Empdor. de Marruecos y pr. mandado de mi Sob. Llo como
ministro de la guerra.»

[dibujos de dos lunas y un Sol en encabezado]
Habitante de la Luna Hijos del Sol. pongo en conosimiento de su
alteza como hafa llecido una hija de la sultana Maria Saliba & Che-
nes lo que se participa a su alteza se sirva a todos los que estan de
Vuestro mando hacerle participe del fallecimiento y qe. en el Bente
del qe. fixa a las cuatro de su tarde daran cumplimiento los Caballeros y señoritas los caballeros a cuatro reales cada uno y la señora con
el estipendio de un real cada una a retificar la Santa alianza queda
en mano de su altesa por madado de mi amo y mi señor Barba Rojas
Participese y ofrende Manuel Segundo»

[José Andrade declara que los papeles le fueron remitidos por Felipe Cabrera] «que hace caveza en las reuniones para dichos bailes»

Papeles recogidos a León Monzón
«Qual el Gran Celin IV por la gracia de Alá siervo y Sor. de la
Meca, de Medina, y de Jerusalem, Emperador augusto y justifica-
do, entre los demas Profetas, Sor. de Acarcia y de Georgia, Sor. de
toda la fal[...]masia y de toda la M[orea], de Chipre, y Cipre, del
Negro Ponte, y Fig[...] y del Danuvio, y de todo el Reino de Mala

Catá y el mas amigo de Alá Interventor en el dia del Juicio final &.&.&.&.&.&.&.&.

[a la izquierda del texto, un ícono con media Luna]

Por quanto mi soverana boluntad é te nido avien consederte à D. ochalis de Be lebeir hijo de D. Amirate Belebeir y de Da. Artisidora Bublin, el soberano Imperio del gran Cairo condecorado con la banda Roja loago entender publicar y circular en todos mis Dominios mayo res y menores y pa. q. a quales quier Potencia Principado Ducado o mallorazgo que allegare sete mire como tal Emperador y sovrino mío suministrandole en quanto pida pues es mi boluntad

Yo el Gran Sor.

Por mandado del Gran Señor El Gran Visir Por mandado del Gran Visir Luia Bei

[en segunda página incluye sello]

[81/99, foja sellada]

«Don Enrique de Rodufo por la gracia de Dios, Emperador de Paz y Rey de Inglaterra, Irlanda y Escocia. &.&.

Por cuanto los meritos y servicios de vos. D.Bernaven de Pinillos y Obando, han acreditado en debida forma aberos hecho acreedor al Eselente Anillo de Distincion de la Real Orden de Maria Sacramento de Oga, que por mi decreto de cuatro de octubre de mil ochocientos veinte y seis me digné conceder a los nobles caballeros de Gales, al titulo de Duque de Jorty, por haveros distinguido por vuestra decicion eforsada à fabor de mi soberania y regalias de mi real corona, y en defensa de la religion y del Estado, por tanto he benido en espediros á vos Exmo. Sor. Duque de Forty, Noble Caballero del Eselente Anillo de Distincion de la Real Orden de Maria Sacramento de Oga; la presente Cedula, para que podais usar libremente de los mencionados titulos: y en su concecuencia encargo que no se òs ponga impedimento por ninguna autoridad sibil ni militar, mediante ser asi mi soberana boluntad: dado en Londres à siete de Abril de mil ochocientos veinte y siete.

Yo Rodufo Londini
Secretario»

Adicional Diario de Irlanda Sábado 6. de Julio 1839

[diagramado en dos columnas]

Dinamarca Real Orden S.M. la Auguta Reyna Vevente Governadora, conformandose con lo Manifestado por la Comisión Auxilatoria Consultiva de este Ministerio, se ha servido Mandar que consiguiente a lo dispuesto en Real Orden de 13. de Mayo de 1804. Contiüe en todo su Valor y fuerza, el Artículo primero del Reglamento de Academia de bayles y el Articulo 46. de la Declamatoria de de Junio de 1801. Cuyo tenor es el siguiente.

Reglamento.

Articulo primero: no se ermitirá la Entrada de esta Academia de bayles à persona alguna sea del sexo que fuere à menos que no se sepa que es libre y de conocida Homrradez.[21]

Declaratoria Articulo 46. Son Dinamarqueses todos los hombres libres [Re] engendrados, admitidos, acentados, igualados en el fondo à todos los demas individuos de la Academia y Constituidos à la Observancia Amor y Respeto y agilidad: y los hijos de estos, luego que adquieran en la misma Academia, estos principios[22] Sin los Cuales no serán Dinamarqueses. así como el que nació de padres Franceses: en Toscana, en Alemania, en La Habana & no diremos que es Frances, sino que es natural del Territorio en que nació. Por consiguiente no baldrá decir que sus padres gastaron su dinero en esta ó en tál ó cual, Academia y que por ser hijos de aquellos pueden Reclamar alguna cosa! No dejará de haber quien tal diga, pero sepase que si sus padres gastaron tambien gozaron: y que si dieron algo para bayles Combites y otras Cosas tambien baylaron, comieron, Bebieron, y con esto basta: todo está dicho.

En esta Virtud siendo estos y otros tales procedimientos tan desgradables á S.M. Reencarga a V.E. la Publicación de los Articulos llá espresados para sumas Exalto Cumplimiento: Haciendolos [...]der por Bando al Son de tambores y demas instrumentos bélicos áfin de que todos y cada uno de los individuos, é individuas de esa Academia

21 Veánse los Reglamentos de mejor concepto.
22 Monarquía Española.

á quienes de cualquiera modo incumbe esta su Soberana resolvieron guarden y cumplan y hagan guardar sin [...] ni contra venir ni permitir se balla ni contravenga á su Tenor.

Esta Rubricado de la Real mano en Capi[...]guey Jul 3 de 1839

Al Exmo. Señor Governador Capitan General de Islanda [...]bay Adany = Secreta[...]

Imprenta del Gobierno y Capitan General pág. S.M.

[es copia manuscrita en una foja, dos columnas, por ambos lados]

Diario del Gobierno Constitucional de La Habana, Miércoles 16 de abril de 1823, n 106, pág. 1

«Habana. De órden del señor capitan general interino, se insertan en este Diario los siguientes documentos» [solicitud de comandante de morenos, Isidro Moreno, para elevar una representación del Batallón a su Majestad, por medio del capitán interino Sebastián de Kindelan, que lo manda a imprimir el 13 de abril]

Liberalismo Constitucional Del Batallon de pardos de esta ciudad, firmado J.A.P. Impreso de tres páginas: Habana: Imprenta Filantrópica, à cargo de D. Pedro Pascacio Arias.

[se inserta representación de los pardos, en apoyo a constitución y cortes, deseando que los morenos se sumen a este apoyo. La representación está suscrita Habana 13 de abril de 1823.]

Libertad y Tiranía, Comparación de las dulzuras de la primera, cuando está asegurada por una ley fundamental, y de los desastres que ocasiona la otra, tanto á los gobernadores como á los gobernantes.

Con licencia: Imprenta de M. Texéro. Vendese en la libreria de José Solá. 15p.

Republicanos en Barcelona Ensayo de contestacion á la apotegmática espresion, que tan fuera de lugar dijo, segun los periódicos franceses, el señor Duque de Broglie, Ministro de Relaciones estrangeras en Paris. La Expresion es: Primero transigir mil veces con D. Carlos que con los republicanos de Barcelona. Barcelona: Imprenta de J.Rubió. 16 pág.

Recopilacion de la M . . Catecismo de los Apr . . Providencia: 1818. Impreso en la Constancia Fraternal. 18 pág. + 12 notas [de página 10 a 18, catecismo masón en forma de diálogos]

Constitución política de la Monarquía Española. Promulgada en Cádiz á 19 de marzo de 1812. Reimpresa en La Habana, en la imprenta de D. Antonio J. Valdés. Año de 1812.

Diálogo entre un Moguito, un Pito y un Nobato [96/135-97/136, texto manuscrito de tipo teatral]

Mog.. Caballeros como va de las cosas del tiempo Pito.. por mi parte estoy cansado y con bastante sueño pr. andar de bayle en baile
Noba.. Yo estoy lo mismo y tanto q. me boy a dormir
Mogu. segun eso barian [...] el baile de los comerciantes
Pito.. q. critiano yba adejar de ber una cosa tan amena y detantonmerito pues es lo mejor q. le ase en todo el año
Noba.. por Dios qe. estubo bueno parese qe. era Gente bien fino para sus diberciones.

Mogu.. en encaresen [uno] las cosas mas de lo qe. son yo tan bien lobide y no tenia mucho merito-
Pito. parece amigo q. reina en ü, alguna pacion quien no dira qe. el estrado de señoritas era para quital pena i aquellas dos coros de musica qe. paresian festival. aquella meza qe. podia conpetir con las primeras de Paris. la soberbia y luminacion el buen orden la desente concurrencia Nobato ea camarada asta donde ba ü aparar bueno es lo bueno y no lo demaciado el dia primero bera ü. hotro qe. le ade echar la pajuela entido Mogui. siento es por qe. è oydo ablar de eso disen qe. lo asen unos qe. ñaman emansipados y qe. tienen una cara arrogante y qe. el qe. pone la Meza lo entiende;;;;

Pito. segun disen lla no es ese dia y lla U. be qe. esto vele amalo y con M. grande malorun-

Nobato.. alabado sea Dios siempre me lo pense ustedes beran si al fin salen con aqui estan las colas

Moguito— no hay qe. tener quidado ellos son hombres de desenpeño y tienen dinero dispocicion. y,y,y,

Pito— Yo lo qe. puedo desir qe. ase tiempo qe. estan empeñados todos en acabar ese mardito comercio y digo hombres de copete y no lo an podido lograr con qe. como ban alogralo esos bichos no hay remedio ellos bailaran esta bes y quando mas . enfin lla es tarde y me boy à Dios asta mañana.

Moguito - y Nobato - pues asta mañana - à Dios.

***

Seguidos contra el capitán Leon Monzon y correos.

Segunda Pieza.
Juez Fiscal el Capitan Don José Anillo y Rico. Secretario El Teniente Don Pedro Salazar

Inventario realizado en la propiedad de Pilar Borrego
Inventario q. he formado de los efectos y prendas q. han aparecido de la propiedad del moreno Pilar Borrego segun me lo ha prevenido el Sor. Presidte. de la Comision Militar D. Francisco de Velasco, y es como sigue:

En el cuarto principal de la casa, se encontró: una comoda bieja de caoba con cuatro gavetas q. contenian, la primera varios planos, estampas, y papeles de musica, y algunos libros, = la segunda con ocho pares de pantalones blancos y de color, ocho camisas blancas, siete chalecos de color y blancos, dos pares de carsoncillos tres lebitas de dril de colo, doce pañuelos, dos de blanbatista, dos de seda, y ocho de algodon, sinco sabanas de platilla, unas charreteras de canelones de oro, nueba, otra bieja de plata dorada, una gola nueba, un sable usado con guarnicion dorada, una gorra de cuartel, y una pechera de militar= En la tercera gaveta, dos casacas de paño azul, una con insinias de bombero, y la otra de paisano, una lebita de paño azul de militar, otra de merino verde, nueba, otra casaca bieja de militar, otra de dril blanco con insinias de bombero, un plumero colorado, un ponpon, y ocho paquetes de puntillas, y en la cuarta, cuatro cuadros [...]cos algo biejos, con marcos dorados, seis paises sin cuadros de la historia de Napoleon, dos figuras de mar[...] trece tenedores biejos, de fierro, tres cucharas de plata[...]na biejas, treces chicas de café, y nuebe portabotellas, un armario de cedro pintado de verde, con barios pla[....] y escudillas, dos morriones, uno de ule y el otro de pelo con galón de oro y carrilleras doradas, un sombrero de pelo blanco usado, una mesa de caoba usada, un espejo dorado, de tres cuartos de largo usado, dos erdeles de caoba, cuatro cillas usadas, un cillón de cedro con su forro de bagueta usado, un labadero de mano usado de cedro, una bomba chica, y una armadura de catre; y en la sala perteneciente a la carpintería, tres escaparates de caoba con todas sus piezas sin concluir, tres armaduras de taburetes de cedro, tres bancos de carpinteria, una mesa de jarros de cedro nueba, una caja de cedro con herramientas de carpintería, ocho aljagias de pino, de sinco baras de largo, tres tablas de caoba, una de cuatro baras y media de largo, y dos tercios de ancho un tablón de cedro, de dos baras de largo, y media de ancho, ocho alfaldas de tea, un labamano de caoba á medio concluir, un tablon de cedro de tres baras de largo y medio de ancho, dos marcos nuebos de caoba, dos barquillos de cedro usado, una mesita nueba de pino, un escaparatico de cedro usado y bacido, una armadura de mesa de alas de caoba, barias plantillas de hacer sillones y una tabla de mesa de tigera de cedro, y no encontrado en la casa otra cosa q. inventariar perteneciente a Pilar Borrego, se concluyó la diligencia q. firmaran con migo, D. José RAmos y D. Joaquin Ramiro individuos vecinos á quienes llamé como testigos, para q. precenciasen dicho inventario con el cual doy cuenta á los efectos q. convengan. Habana y Enero once de mil ochosientos cuarenta.

Cayetano Matas, Joaquin Ramiro José Ramos

Documento incautado a Pilar Borrego

Para Petrona Borrego S.M.P.

Petrona Me alegrare de q. te alles gosando de una caval salud como yo para mi deseo estos cortos renglones se dirigen á aserte presente de q. te mande á decir de q. me escribieras y has hecho tan poco caso q. no me has escrito Nada y parese ser de q. es regular el q. me mandes a desir alguna cosa Ni siquiera á podido venir a verme pero al fin el preso es preso adios.

A mi madre le dises de q. me haga alguna diligensia q. no me manda á desir Nada y q. se empeñe con ño Pilar para q. Después q. me vengan á aser los cargos poder Nonbrar un defensor de unos de su conosimiento que sera favor q. meresere de su atension y tanbien al mismo tienpo q. avle con Dn. Cayetano y le pregunte en q. Juzgado esta mi causa y tanvien si se aya preso el moso blanco.

Y no dejes por vida de tu madre el mandarme la contesta de todo lo q. te mando á desir q. me interesa mucho el saverlo y mandame desir si Pascual camina ya y memorias todos por aca esto es cuanto se me ofrese y manda á tu áfetisimo Amado Justo Ramires Havana en la Real carsel á 18 de agto. de 1839.

Libros a la carta

A la carta es un servicio especializado para
empresas,
librerías,
bibliotecas,
editoriales
y centros de enseñanza;
y permite confeccionar libros que, por su formato y concepción,
sirven a los propósitos más específicos de estas instituciones.

Las empresas nos encargan ediciones personalizadas para marketing editorial o para regalos institucionales. Y los interesados solicitan, a título personal, ediciones antiguas, o no disponibles en el mercado; y las acompañan con notas y comentarios críticos.

Las ediciones tienen como apoyo un libro de estilo con todo tipo de referencias sobre los criterios de tratamiento tipográfico aplicados a nuestros libros que puede ser consultado en Linkgua-ediciones.com.

Linkgua edita por encargo diferentes versiones de una misma obra con distintos tratamientos ortotipográficos (actualizaciones de carácter divulgativo de un clásico, o versiones estrictamente fieles a la edición original de referencia).

Este servicio de ediciones a la carta le permitirá, si usted se dedica a la enseñanza, tener una forma de hacer pública su interpretación de un texto y, sobre una versión digitalizada «base», usted podrá introducir interpretaciones del texto fuente. Es un tópico que los profesores denuncien en clase los desmanes de una edición, o vayan comentando errores de interpretación de un texto y esta es una solución útil a esa necesidad del mundo académico.

Asimismo publicamos de manera sistemática, en un mismo catálogo, tesis doctorales y actas de congresos académicos, que son distribuidas a través de nuestra Web.

El servicio de «libros a la carta» funciona de dos formas.

1. Tenemos un fondo de libros digitalizados que usted puede personalizar en tiradas de al menos cinco ejemplares. Estas personalizaciones pueden ser de todo tipo: añadir notas de clase para uso de

un grupo de estudiantes, introducir logos corporativos para uso con fines de marketing empresarial, etc. etc.

2. Buscamos libros descatalogados de otras editoriales y los reeditamos en tiradas cortas a petición de un cliente.

Printed in Poland
by Amazon Fulfillment
Poland Sp. z o.o., Wrocław
09 June 2026

a0835381-523e-44ca-b8ed-a66dcee02f50R01